MANUAL DO SERVO INÚTIL

José Fernandes de Oliveira
PE. ZEZINHO, SCJ

MANUAL DO SERVO INÚTIL

Dados Internacionais de Catalogação na Publicação (CIP)
(Câmara Brasileira do Livro, SP, Brasil)

Oliveira, José Fernandes de
  Manual do servo inútil / (José Fernandes de Oliveira) Pe. Zezinho . – São Paulo : Paulinas, 2015.

  Bibliografia.
  ISBN 978-85-356-3885-1

  1. Pensamentos 2. Vida cristã I. Título.

15-00676   CDD-248.4

Índice para catálogo sistemático:
1. Pensamentos : Vida cristã : Cristianismo   248.4

1ª edição – 2015
1ª reimpressão – 2015

Direção-geral: Bernadete Boff
Editores responsáveis: Andréia Schweitzer
Copidesque: Ana Cecilia Mari
Coordenação de revisão: Marina Mendonça
Revisão: Equipe Paulinas
Gerente de produção: Felício Calegaro Neto
Projeto gráfico: Manuel Rebelato Miramontes

Nenhuma parte desta obra poderá ser reproduzida ou transmitida por qualquer forma e/ou quaisquer meios (eletrônico ou mecânico, incluindo fotocópia e gravação) ou arquivada em qualquer sistema ou banco de dados sem permissão escrita da Editora. Direitos reservados.

Paulinas

Rua Dona Inácia Uchoa, 62
04110-020 – São Paulo – SP (Brasil)
Tel.: (11) 2125-3500
http://www.paulinas.org.br – editora@paulinas.com.br
Telemarketing e SAC: 0800-7010081
© Pia Sociedade Filhas de São Paulo – São Paulo, 2015

Quando fizerdes tudo
o que vos for mandado, dizei:
"Somos servos inúteis,
porque fizemos somente
o que devíamos fazer"
(Lc 17,10).

Sentir-se útil

Para muitas coisas somos todos servos inúteis, mas sempre achamos que outros são mais inúteis do que nós. Por isso, temos dificuldade de conviver com quem nos atrapalha em alguma coisa. Como nos sentimos mais úteis do que os menos prendados ou mais limitados, não poucas vezes jogamos fora a chance de realmente sermos caridosos e úteis para com os "goels", aqueles acima de quem todo mundo se coloca.

Somos todos servos úteis, mas, quando vier a tentação de achar que somos mais úteis do que os outros servos, porque nos destacamos nessa ou naquela atividade, voltemos a pensar em Jesus. Naquela hora convém vestir a carapuça de servos inúteis: ou seja, servos que passaram do limite!

Assim também vós, quando fizerdes tudo o que vos for mandado, dizei: "Somos servos inúteis, porque fizemos somente o que devíamos fazer" (Lc 17,10).

Sede unânimes entre vós; não ambicioneis coisas altas, mas acomodai-vos às humildes; não sejais pseudossábios tomando a vós mesmos como referência! (Rm 12,16).

Muitos primeiros serão os derradeiros, e muitos derradeiros serão os primeiros (Mt 19,30).

O fariseu, estando em pé, orava consigo desta maneira: "Ó Deus, graças te dou porque não sou como os demais homens, roubadores, injustos e adúlteros; nem ainda como este publicano" (Lc 18,11).

O publicano, porém, estando em pé, de longe, nem ainda queria levantar os olhos ao céu, mas batia no peito, dizendo: "Ó Deus, tem misericórdia de mim, pecador!" (Lc 18,13).

Amam os primeiros lugares nas ceias e as primeiras cadeiras nas sinagogas (Mt 23,6).

Todos se extraviaram, e juntamente se fizeram inúteis. Não há quem faça o bem, não há nem um só (Rm 3,12).

Tomai sobre vós o meu jugo, e aprendei de mim, que sou manso e humilde de coração; e encontrareis descanso para as vossas almas (Mt 11,29).

Depôs dos tronos os poderosos, e elevou os humildes (Lc 1,52).

Deus resiste aos soberbos, mas dá graça aos humildes (Tg 4,6).

Prefácio

Se não estou enganado nas minhas conclusões, todo seguidor de Jesus sente-se útil para algumas tarefas e inútil para outras. Somos todos imperfeitos nos ideais, nos sonhos e nas execuções de nossas tarefas. Por isso, a vaidade de quem se sente o número um, o primeiro, maior vendedor de livros e CDs, com milhares de seguidores nas redes sociais, realizado e realizador, melhor, maior, mais famoso, mais fiel, mais iluminado, mais eleito, capaz de atrair multidões, enfim, tudo isso pode prejudicar o pregador e o Reino de Deus.

A: Na era da internet e da mensagem lançada a esmo por antenas; e captada a esmo por qualquer um; e em seguida reproduzida a esmo por qualquer um, esconde-se um perigo: o de o pregador ou difusor da mensagem pensar que sua mensagem ganhou força por conta de seu esforço, do seu talento e da sua habilidade de fazer marketing. Pode até ser que seja isso mesmo, mas por isso mesmo o cristão que anuncia Jesus precisa tomar cuidado triplicado ao falar de si mesmo, de suas obras e de suas palavras. Suas palavras jamais serão "a Palavra" de Deus.

B: Voltemos no tempo e relembremos o que dizia o douto jesuíta Padre Antônio Vieira, em meados do século XVII. No sermão da Quadragésima, ele acentuava que muitos pregadores pregam palavras de Deus, mas não a Palavra de Deus.

C: Num tempo como o nosso, no qual se sabe que muitos pregadores sacerdotes e leigos das mais diversas Igrejas sobem ao púlpito totalmente despreparados, sem ter lido quase nada de Bíblia ou da catequese oficial de sua Igreja, e menos ainda de conhecimentos gerais, corre-se o risco de cairmos na síndrome dos pregadores-faladores.

D: Enfeitam a Palavra de Deus com algumas palavras decoradas, com alguns suspiros emocionados, com palavras misteriosas e sonoras, que dizem que é orar em línguas reproduzindo o som dos anjos; usam de sinais que chamam de curas, abusam de algumas frases que todo mundo usa e de alguns gestos que repetem à exaustão. E a isso chamam de pregação da Palavra.

E: Enfim, isso existe ou não existe? Podem ou não podem os cristãos que se consideram úteis ou inúteis usar dessa maneira de motivar o Povo de Deus?

F: Aí entra a reflexão sofrida atrevida! Sim, os profetas existem, os irmãos chamados a profetizar e curar existem, os pregadores ungidos existem. E é significativo que estes não abusam nem das redes sociais, nem do púlpito, nem do marketing agressivo, nem aparecem demais. Estão lá, mas não vivem disso! Estão na mídia, mas não vivem da mídia nem para a mídia moderna.

G: Deles se pode dizer que levam a sério tudo o que dizem e se preparam para ir à frente do povo para lhe dar palavras de consolo e de esperança. Mídia pode ser e é serviço, mas muitas vezes acaba em martírio, quando o comunicador bate de frente contra os poderosos.

H: Servo útil usa de palavras úteis. Servo que às vezes se sente inútil faz de tudo para dizer palavras úteis.

I: Na ascese do servo inútil, esconde-se o servidor de Cristo que se sente muito útil quando se entrega ao Reino de Deus, mas que ao mesmo tempo sabe que seus esforços serão inúteis se não se compenetrar de seu justo lugar ao lado do mestre. Há outros que vieram primeiros e serão primeiros porque o Reino de Deus precisa mais deles do que nós.

J: Feliz daquele que se sente "segundo ou terceiro" ou ocupante dos últimos lugares. Provavelmente entendeu a mística do servo inútil!

Somos todos
mais ou menos inúteis!

Bem que Jesus avisou e previu... Ele sabia que *a pertença e a fidelidade* seriam o espinho da alma humana. Ser fiel o tempo todo às suas promessas e aceitar pertencer sem abandonar os outros é o maior desafio do ser humano. A maioria muda de pertença quando não se sente bem consigo mesmo. Vai para onde se sofre menos: casamento, igreja, ordem, time, emprego! Não quer mais pertencer e reinterpreta seu conceito de fidelidade.

E quem vai atirar a primeira pedra? Quem pode garantir que não fará o mesmo, quando o coração entrar em crise ou se esvaziar?

É aí que se percebe o quanto Jesus estava certo ao dizer aos seus discípulos: "Quando fizerdes tudo o que vos for mandado, dizei: 'Somos servos inúteis, porque fizemos somente o que devíamos fazer'" (Lucas 17,10).

Cumprir as promessas e os votos proferidos e a obrigação de vivê-los perante Deus e para a comunidade tem sido o espinho da maioria dos corações. Temos um desafio a viver, todos nós: a pertença e a fidelidade. Dizemos uma coisa, mas fazemos outra.

Acontece ou aconteceu conosco, acontece com milhões de casamentos, com as Igrejas, com as ordens religiosas, com as firmas, com clubes esportivos, com agremiações, com namoros, e onde pessoas convivem com pessoas. Por algum tempo quase todos conservam seus votos e suas promessas e contratos, mas só por algum tempo.

Depois aparecem outras pessoas, outros sentimentos, outras paixões, outros amores, outros grupos, outros interesses, outras necessidades, outras oportunidades, e as coisas se complicam. Pouco a pouco, fica difícil cumprir a palavra dada. Apareceu outro rumo a seguir! Feliz daquele que consegue viver o que prometeu. Nem por isso deve cantar vitória. O conselho é do próprio Jesus!

Para todos e para o discípulo que se acha acima da média porque cumpriu as suas promessas e não descuidou da sua obrigação, vem o recado do humilde Jesus: "Não se bata nas costas achando-se mais do que os outros. Cumpra seus votos e suas obrigações, não julgue quem não conseguiu manter suas promessas".

Não nos proclamemos servos excepcionais
e mais úteis do que os outros,
só porque fizemos a nossa obrigação
e conseguimos manter nossas promessas sem arranhões.

Digamos como Paulo: "Aquele, pois, que acha que está em pé, tome cuidado para não cair" (1Cor 10,12).

***

E assim começa este livro! Falaremos de fidelidade, de vaidade do eleito, de pertença e de fidelidade! E comecemos a olhar-nos no espelho.

Orar sem saber orar,
Pregar sem saber pregar,
Cuidar sem saber cuidar,
Cantar sem saber cantar,
Escrever sem saber escrever
Pastorear sem saber pastorear,
Profetizar sem saber profetizar

Quem disser que é falsa humildade,
Quem insistir que é falsa comiseração
Quem apostar que é autodepreciação

Consulte seus manuais de psicologia!
Releia sua Bíblia,
Olhe o egoísmo e a autocomplacência ao seu redor.
Perceba o agressivo marketing dos nossos dias
Atente para a autorreferência que grassa pelo mundo

E medite comigo
sobre as parábolas de senhores narradas por Jesus!
Para Jesus, quem era servo? Quem era senhor?
Aquele que lavou os pés de seus discípulos [...]
e disse que depois daquele dia os chamaria de amigos, [...]
prosseguiu dizendo que deveríamos definir-nos como
servos inúteis! [...]

Ele que tanto valorizava a pessoa,
por que será que ele disse isso?

1

PESSOAS. Tinham algo em comum aquela senhora idosa, as duas senhoras vagarosas, aquele cantor recém-famoso e aquele pregador em ascensão. A senhora idosa fez a fila na farmácia esperar 65 minutos, enquanto exigia da única balconista em desespero uma explicação detalhada para cada remédio que comprara; as senhoras vagarosas irritaram os mais de trinta fregueses na fila, ao demorarem 15 minutos para fazer seus pratos e ao impedirem que alguém lhes passasse à frente; o cantor recém-famoso cobrou, de uma cidade de 12 mil habitantes, 250 mil reais por um show de 90 minutos; o pregador em ascensão deixou uma fiel ajoelhada aos seus pés por 15 minutos, enquanto orava sobre ela... Tinham algo em comum porque, a seu modo, se supervalorizaram. Disseram, sem dizer, que aquele momento em que apareciam era de suma importância para eles. O resto dos mortais que se arranjasse... Por dentro são feias crisálidas que não conseguiram se tornar borboletas. Talvez nunca se tornem... Todo aquele que se supervaloriza, na verdade, se desvaloriza, porque perde a noção de ética e de valores.

2

FÉ. O verdadeiro louvor é coisa de árvore que deu flores e frutos e sombras. O louvor insuficiente é como árvore que faz sombra, mas não dá nem flores nem frutos dignos de sua seiva. Digo isso sobre algumas emissoras de rádio nas quais se omitem outros valores da fé e se superexalta o louvor a Deus. Há pouca sensibilidade diante da dor humana.

Os jornais e noticiários falavam da escola de Realengo, onde, naquele trágico abril de 2011, um rapaz matou 12 crianças. Entretanto, naquela emissora que louva a Jesus, o dia inteiro todos falaram, cantaram e louvaram a Jesus, que é bom e salva e liberta. Mas ninguém fez referência àquele fato que mexeu com o país inteiro. Se fossem programas gravados, seria compreensível. Mas eram ao vivo! Faltou Bíblia e documentos de doutrina social naquelas cabeças. Lamentamos dizê-lo, mas ainda não desabrocharam para as outras dimensões do Cristo que Paulo menciona na sua carta aos Efésios 3,14-19. Largura, comprimento, altura e profundidade de fiéis alicerçados no amor.

3

DEVOÇÃO. Verifico e sustento a opinião de que alguns comunicadores da fé, embora levem vida santa e digna de respeito, tornaram-se excessivamente devocionais, quando poderiam ser também relacionais, catequéticos, jornalísticos, com mensagens de aproximação, de diálogo e de cidadania. A cidade é feita de pessoas das mais diversas tendências, e quem ama a Deus tem o dever de aproximar as pessoas, inclusive as que não creem nele. Muitos tocam apenas músicas de louvor, omitindo as que podem ajudar a refletir a fé, o país e a ética de um povo. Canções de cunho religioso e político, como se leem nos salmos, são por eles omitidas. É louvável a ênfase no louvor. O excesso não é louvável. Excesso de açúcar ou de antibióticos faz mal. Antídoto demais deixa de ser antídoto.

4

CONVERSÃO. Pregação excessivamente voltada para a conversão pessoal e para o encontro pessoal com Deus pode produzir efeito contrário. Se naquele púlpito faltar história, filosofia, teologia, psicologia, sociologia e antropologia, faltarão elementos fundamentais para o discernimento da fé. O excessivo acento na prece e no louvor acontece porque muitos dos que falam nas emissoras não tiveram esse tipo de estudo. Então recorrem ao que é mais fácil, a oração. Seria o caso de recrutar católicos que estudaram e que têm o que dizer, mas não estão lá. Monges acentuam menos o louvor do que alguns jovens pregadores da fé. É que os monges leem muito e sabem que o louvor é atitude abrangente. Inclui a dor humana. E, por isso mesmo, a intercessão de quem ora mais pelos outros do que por si mesmo.

5

PESSOA. Você nunca será vencedor em tudo, mas certamente será vencedor em algumas coisas. Também nunca será perdedor em tudo, mas perderá em algumas coisas. O fato de vencer em muitas coisas não o faz um vencedor, e o fato de perder em muitas situações não o faz um perdedor. Aprenda a vencer e a perder e, talvez, terá aprendido a viver.

6

VENCER. Não caia na conversa de quem lhe diz que Deus o quer um eterno vencedor em Cristo. Se ele omitir a possibilidade da cruz e de algumas derrotas, estará omitindo a possibilidade de Jesus. Cristão que se preza anuncia Jesus de Belém a Jerusalém, do berço ao dia da ascensão. Se omitir o episódio da cruz, não terá anunciado a Jesus.

7

SÓ A FÉ. Se bastasse a Bíblia, os papas não teriam escrito tantos documentos e tantas encíclicas, os bispos não teriam reproduzido tantas reflexões e não teríamos compêndios de teologia moral, de doutrina social e nem o catecismo. Bastaria ler e pregar a Bíblia do jeito que achamos que Deus nos inspira a interpretá-la... Será que é isso que Deus quer de seus pregadores? A Bíblia não propõe que ouçamos e respeitemos a voz e a cultura dos outros povos? Noemi, Rute, Orfa, Ester, Jairo, o centurião romano, o episódio de Paulo no Areópago, nada lhe diz?

8

SITUAR-SE. Para não acabar sitiada, toda família deve aprender a situar-se. Os pais precisam aprender a situar-se diante dos filhos e ensiná-los a situar-se diante do mundo, para que eles não acabem sitiados nem pela violência nem pela droga. Enfim, precisamos criar pessoas com perguntas incisivas e respostas claras e definidas. Pessoas cheias de *talvez-quem-sabe!*, em geral, são pessoas sitiadas. De vez em quando um *talvez-quem-sabe* é sinal de cultura, mas, se for o tempo todo, é indecisão. O outro lado da medalha também contém verdade...

9

RESPOSTAS MÁGICAS. Quem tem respostas para tudo nem sempre tem respostas coerentes. Quem tem boas perguntas e boas respostas, mesmo que não tenha todas, está muito mais perto da verdade.

10

DEVEDORES. Não acredite na pessoa que diz que não deve nada a ninguém. É apenas frase feita! Se ela insistir nisso é porque não aprendeu a situar-se diante dos outros. As pessoas ingratas são ingratas exatamente porque não aprenderam a situar-se diante do outro...

11

APENAS UM OUTRO. Eu não estou cercado de apenas um outro; só um outro não me bastaria para me cercar. Estou cercado de muitos outros, e é por isso que, mais do que me relacionar, sou chamado a tecer laços com muitas pessoas, de muitas maneiras, nos mais diversos assuntos.

12

ENLACES. O casamento é uma gama de relações, principalmente intelectuais e afetivas. O grau de cumplicidade de um casal revela o grau de importância do outro na vida dele ou dela. Quanto mais cumplicidade espiritual, amorosa, afetiva, social, carnal entre os dois, mais importância tem ela ou ele naquela relação.

13

SABER APLAUDIR. Admirável é o pregador que aplaude o outro, ora pelo outro e fica feliz com o sucesso do outro; admirável também é o que tece críticas serenas, corajosas, ao pregador que ele vê que está deturpando a pregação com doutrinas que não correspondem às da fé que ele jurou defender.

14

ANÚNCIO E DENÚNCIA. São dois chamados da pregação cristã; evidentemente mais anúncio do que denúncia; mas, se for preciso, todo pregador tem que ter a coragem de discordar e de denunciar. Se ficar quieto ao saber que algum partido ou político desviou milhões dos cofres públicos e não levar o povo a pensar sobre o ocorrido, cometerá pecado de omissão. Se se calar diante dos traficantes e não prevenir os jovens contra as drogas, cometerá o pecado de apenas anunciar. Não é assunto que se deixa apenas para os jornalistas e advogados. Eles não falam aos fiéis que vão à missa dominical. O mesmo Deus que nos quer santos também, e por isso mesmo, quer que defendamos os direitos do nosso povo!

15

ALTERIDADE. A arte de sempre pensar nos outros, mesmo que estejamos em retiro na montanha e sem ninguém por perto, faz do cristianismo essa religião bonita, que dá a primazia aos outros de quem viemos, com quem vivemos e para quem iremos.

16

O PERIGO DO VALE-TUDO. Acho o PT um partido político interessante, mas não acho nada interessante o que desde o começo alguns petistas fizeram do PT. Acho o cristianismo uma religião interessante, mas outras pessoas não acham nada interessante o que alguns cristãos fizeram do cristianismo...

17

IR À GUERRA. Ninguém vai à guerra para perder. A guerra nunca é boa nem fraterna. Os guerreiros gostam de guerra porque ela lhes dá poder diante do seu povo e diante de uma história fictícia que sonham construir.

18

DIALOGAR E MASSACRAR. Custa muito menos dialogar do que massacrar e matar, e é por isso que a guerra é fruto de loucura. Guerreiros nunca são lúcidos.

19

O AMOR APROXIMA. Quando Jesus propôs amor aos inimigos, ele não estava brincando. Jesus sabia que esse era o único jeito de evitar guerras, até porque amar não é concordar nem ceder: é respeitar e dialogar até a exaustão, até que se chegue a uma conclusão. Se existe alguém que merece ir para o inferno, são os criadores de guerra...

20

CRIOU VÁRIAS GUERRAS. Bin Laden, ao criar a situação que culminou com o massacre de 11-9-2001 no World Trade Center, sabia o que queria. Entrou para a História como um dos piores guerreiros de todos os tempos. Aqueles aviões mostraram que ele tinha estratégia, mas não razão.

21

PAZ. Quem não bebe paz, acaba sequioso de sangue.

22

AÇÚCAR E PIMENTA DEMAIS. É possível ser profundamente religio-so sem exagerar na dose de culto, de prece e de exortações. Mas quem diz isso nunca será ouvido. Quem gosta demais de açúcar, não admite que seis colheres por xícara seja dose demais. E daí, se ele precisa? Alguém te-ria que explicar-lhe que excesso de açúcar faz mal a curto e a longo prazo. Mas ele ouviria a explicação e continuaria a encharcar-se de açúcar até o dia fatal do diabetes. Dá-se o mesmo com quem emborca seis garrafas ou dez latas de cerveja por noitada. Descobrirá muito tarde que deveria ter parado antes. A religião segue semelhante processo. Religião demais tem o mesmo efeito que alimento bom, mas ingerido em excesso!

23

ADMIRAR E APROFUNDAR. Entre admirar e aprofundar há uma enorme diferença. Sei de um homem que chorou de emoção ao ver a floresta amazônica, mas teve medo e não adentrou nela mais do que dez metros. Seu amigo não se emocionou, mas adentrou cem metros, abrindo uma picada para sentir o que havia lá dentro. Correu maior risco, mas fez mais do que emocionar-se, admirar e ver. Duas atitudes, dois conhecimentos, duas experiências... O ideal seria um terceiro que se emocionasse e entrasse floresta adentro. Mas aquele que entrou na floresta sem se emocionar sabe um pouco mais do que aquele que se emocionou, mas não entrou!

24

DEUS DÁ A QUEM LHE DÁ? É o discurso que se ouve em congressos de fé e em algumas emissoras de rádio e de televisão. Podemos questionar a sua dubiedade, mas é pragmático. Pregadores e ouvintes costumam ser muito pragmáticos, "Dê, que Deus dará" é uma proposta muito mais pragmática e garantida do que a outra que diz: "Dê por amor e não espere retribuição". A maioria dos crentes tem fé pragmática e de barganha. Espera retribuição.

25

CRENTES E CARENTES. *Crente* quase sempre rima mais com *carente* do que com *consciente*. Crer vem de *credere, cor dare, dar o coração*. Mas em algum lugar do processo muitos aprendem que devem dar, para que Deus dê.

26

DEUS TEM QUE ME OUVIR? Muitos crentes dão a Deus, mas se Deus não dá, fazem como o profeta Jonas: Deus não fez a vontade dele e ele se irritou com Deus. Acabou no ventre da baleia. O simbolismo é forte! Seu enorme orgulho o engoliu até que ele voltou à realidade!

27

IMPOR CONDIÇÕES PARA CRER. É muito demorada e exigente a formação de um crente que deixa Deus agir e que não impõe condições para crer. A maioria dos crentes crê em troca de alguma coisa. Por isso as Igrejas que prometem milagres e curas estão superlotadas. As que convidam os fiéis apenas para louvar e celebrar e não prometem curas nem milagres têm menos fiéis nos seus cultos! Isto, até que aqueles mesmos fiéis amadureçam para uma fé que não precisa ver para crer! Aí, ou aquela Igreja muda, ou eles se mudam daquela Igreja.

28

DEUS FEZ E FARÁ! Cuidado com os pregadores que dizem que Deus fez, faz e fará determinados milagres naquele lugar, quase sempre "naquele templo". Com o tempo aquele pregador e aquele determinado lugar tornam-se mais importantes do que o Deus que eles anunciam...

29

MEIO ATEÍSMO. Religião com certezas absolutas está mais perto do ateísmo do que da fé. O dono da criação, da vida e do milagre ainda é Deus.

30

PREGAÇÕES BARULHENTAS. A religião barulhenta quase sempre é dona apenas do espetáculo, não do conteúdo! Os pregadores sensacionalistas abraçam o entusiasmo e o confundem com unção e fé.

31

UNÇÃO. Pessoas serenas e sábias também são ungidas. Mas fazem pouco ruído. Nem todo avião barulhento é o avião mais seguro...

32

EFICIÊNCIA. O barraqueiro dos pastéis que grita mais alto do que os colegas é certamente o mais gritalhão, mas nem por isso tem o melhor pastel da feira!

33

TORNAR-SE PENSADOR. Bom religioso é aquele que pensa mais nos outros no que em si. Fanático é o que praticamente não pensa, vai por impulso e por instinto. Educar, portanto, é ensinar a pensar. Feliz o ser humano que se transforma em pensador, pois conseguirá mais acertos do que erros.

34

DITADORES BONZINHOS? É melhor um governo com ditador honesto do que uma democracia com líderes mentirosos? Seria melhor ainda uma democracia com líderes que não mentem. Mas existiu alguma vez um ditador honesto que jamais mentiu ou roubou? E existiu alguma democracia com partidos e líderes totalmente honestos?

35

POLÍTICOS VERDADEIROS. Quem afirma que já encontrou um político que não mente ou que não mentisse, encontrou políticos santos. Alguns deles realmente não mentem, mas não têm tido força na maioria dos parlamentos do mundo.

36

PERMITIDO, MAS NÃO ACONSELHÁVEL. O prefeito, o padre e o pastor compraram um carro último tipo, de luxo e caro. Cada um desfilava com o seu na cidade, e o povo então opinou e reclamou. Do prefeito, porque se espera que um administrador da cidade viva de maneira sóbria e preste conta do seu dinheiro. Do padre, porque se espera que o padre não se vista com ostentação nem desfile com carro de luxo. Do pastor, pelas mesmas razões. Provavelmente os três tinham dinheiro suficiente para comprar o carro que cada qual comprou. A questão não era o dinheiro, mas o bom exemplo. São Paulo diz de maneira magistral: "Tudo me é permitido, mas nem tudo me convém!" (1Cor 6,12). De tais pessoas espera-se que tenham ultrapassado a fase da crisálida!

37

VIAJAR PARA ORAR. É bom, mas convém medir os prós e os contras. O dono da agência de viagens me ofereceu uma turnê de quinze dias por lugares santos. Eu ganharia a viagem de graça e receberia uma quantia razoável para ser guia espiritual de duzentas e cinquenta pessoas. Dei o nome de um colega que desejava muito viver essa experiência. Não é que eu seja contra, mas é que já tive inúmeras oportunidades de viajar a trabalho e acho que outros colegas, se não for desse jeito, jamais conhecerão os lugares santos. Aprendi com meu diretor espiritual a não agarrar todas as oportunidades que me são oferecidas. Passar a vez para o outro também é um gesto de maturidade.

38

BOIS SÃO DIFERENTES. Na fazenda, observei um boi preto, um branco, um malhado e um amarelo. Raciocinei: os bois são diferentes, mas comem do mesmo jeito, mugem do mesmo jeito, reagem praticamente do mesmo jeito. Pensei na espécie humana. Entre nós é diferente. Temos o mesmo jeito para muitíssimas coisas, mas raramente reagimos do mesmo jeito.

39

ENCRUZILHADAS. Somos capazes de boas e de más escolhas. Mas, embora livres e racionais, temos comportamento de manada, ainda que sejamos brancos, negros, pardos ou cheios de pintas. É claro que não somos bois, mas, sendo animais, alguma coisa temos em comum: nossas necessidades básicas precisam ser satisfeitas.

40

OS LIMITES DO BOI. Se um boi morre de fome num pasto, enquanto todos os outros têm o que comer, alguma coisa de errado aconteceu com ele ou com o tratador, que não percebeu os limites daquele boi...

41

CRISTÃOS NABABESCOS. Jesus, que era simples, propôs e exigiu simplicidade de seus discípulos. Em qualquer Igreja cristã, o pregador que vive de maneira rica e nababesca terá sempre que explicar sua riqueza. E, por mais que a explique, não convencerá quem conhece os evangelhos.

42

PREGADORES NABABESCOS. Um casal de fiéis, que religiosamente pagava o dízimo em dia, mas que mal conseguia fechar o mês, ao visitar o sítio do pregador da sua Igreja e ver a riqueza e o conforto do mesmo, mudou de Igreja. Aquilo não podia ser obra de Jesus e para Jesus. O mesmo fez a família católica, ao perceber a riqueza do seu pároco. Passou a frequentar outra paróquia, cujo pároco era mais simples e mais pobre. O aviso é para os seminaristas e sacerdotes, pastores e reverendos. Não há explicação que justifique a escandalosa riqueza de um pregador da fé.

43

TEOLOGIA QUE DÓI. A verdade é que teologia dói. A busca de respostas da fé dói porque tem que ser sempre uma procura honesta. Quero pensar com a Igreja Católica, mas não quero que a Igreja Católica pense comigo. Eu não tenho a força dos papas, dos bispos e dos mártires que a Igreja já produziu.

44

QUASE PROFETA. Se é que sou profeta, minha palavra é de um profeta menor, e assim será muitos anos depois de eu morrer, isto se ainda alguém lembrar que eu existi. Daqui a cinquenta anos, se meus cantos e escritos forem lembrados, espero que alguém possa dizer que tentei ser um bom catequista, que fiz o possível para repercutir a fé da Igreja e que não tirei ideias da própria cabeça. Nunca falei que Jesus me disse alguma coisa. Preferi dizer o que Jesus disse aos apóstolos e aos profetas da Igreja da qual faço parte.

45

SOLIDARIEDADE E SOLIDARISMO. São palavras à procura de melhor definição, mas, para os cristãos que acreditam nos evangelhos, a ideia da solidariedade transversaliza o conceito de caridade. Não há caridade sem solidariedade e não há solidariedade sem caridade. É que solidariedade é coisa de gente sólida. E a caridade supõe solidez. Há um quê de eternidade na pessoa solidária; ela sabe que as coisas daqui vêm e vão, vão e vêm e passam. Se você nunca viu uma pessoa solidária, procure conhecer uma: vai conhecer uma pessoa serena e forte.

46

FOI ELE QUE ME PÔS AQUI. Como eu creio em Deus e ele me pôs aqui, é ele quem me levará daqui. Mas não deixa de ser interessante saber como e quando ele me levará. A decisão será dele. Mas também é um fato que, muitas vezes, as pessoas apressam a morte por descuido com a própria saúde. A vida é um rio que, infelizmente, pode ser apressado com drogas e violência. A maioria das pessoas morre no tempo a elas designado, mas há as que o antecipam. O que Deus faz com os apressados é assunto entre Deus e eles.

47

PEDIR PERDÃO. Não há ninguém que não precise, hoje mesmo, de perdão, ou que não venha a precisar de mais perdão no futuro. Estamos todos sujeitos ao erro, portanto, sujeitos a ter que pedir perdão.

48

ENTRE O PALCO E O ALTAR. Se um pregador é exibicionista, provavelmente não perceberá quando seu púlpito se transformou em palco. Existem os servidores da Palavra e existem os atores. Os servidores da Palavra exibem a Palavra, e os servidores de si mesmo exibem-se. A Palavra os ajuda a exibirem-se. E eles sabem que são exibidos.

49

O EFÊMERO. O efêmero existe e, se alguém quiser viver dele, vai viver do superficial. Existem alguns efêmeros profundos, mas, por definição, profundos por algum tempo. Passam rápido. É poesia ou filosofia que não cola. O que a gente tem que buscar é a profundidade permanente. Pode um ser humano chegar a ela? Os filósofos dizem que sim, porque temos inteligência para escolher. Podemos, todo dia, escolher, de novo, a profundidade que não passa: por exemplo, o amor verdadeiro.

50

NA VIDA E NA MORTE. Minha fé passa pela morte e pela ressurreição e depois continua nos milhares de testemunhos que me ensinam que o verbo vencer não se conjuga apenas no presente. Se você está sofrendo e perdendo agora, não perca a motivação: a cruz terminou em túmulo, mas logo depois avançou para a ressurreição. Aquele que esteve crucificado, três dias depois estava ressuscitado. Assim será conosco, se o seguirmos em vida e na morte.

51

O CULTO AOS QUE PARTIRAM. Todo mundo tem que partir um dia. E é melhor que partamos como quem espera o céu. A Igreja Católica cultua aqueles que já morreram como "primícias de Jesus" (1Cor 15,20). Ela crê que está louvando a Jesus e adorando-o agradecida pelos santos que ele nos deu. Todo tributo e homenagem a um santo é uma homenagem a Jesus. Não adoramos os santos. Adoramos aquele que os fez santos! Quem insiste em nos caluniar-nos como idólatras não é de Cristo!

52

VENERAMOS OS QUE JESUS SANTIFICOU. Não foi coisa pouca! Os santos de Jesus fazem a diferença. Por isso não somos indiferentes a eles.

53

NOTÓRIO E NOTÁVEIS. Uma coisa é ser notório. Todo mundo nota o notório porque ele se faz notar. Onde há holofotes lá estará ele, estilo papagaio de pirata. Outra coisa é ser notável. É o caso de quem nem sequer se faz notar, mas, pelo modo como fala e vive, as pessoas o percebem.

54

SABER NADAR E BOIAR. A vida não nos faz felizes nem infelizes, ela dá condições ou põe barreiras, mas quem tem que ser teimosamente feliz é o sujeito. A onda pode querer nos afastar da praia, mas, se aprendermos a nadar, acabamos driblando a corrente.

55

DEMAIS É DEMAIS. Se seu dinheiro vira sujeito e você vira objeto, se a beleza, a fama e o sucesso o dominam, você então se torna cada dia menos pessoa. Não é feliz, talvez, porque tem tudo e, de tanto ter, não consegue ser.

56

EXCRESCÊNCIAS. Recorrer à droga e às excrescências da vida é pôr mais álcool na grelha. Alguém pode ser famoso porque rico de sutilezas, mas infeliz porque pobre de gentilezas.

57

O QUE É UM PERDEDOR? Eu tenho dito aos que não se sentem livres e ainda não se venceram que nem por isso são perdedores. Se ainda não são vencedores com o Cristo, nem por isso deixaram de ser amados por ele. Então, no momento são perdedores, mas perdedores com o Cristo que está com eles.

58

FIDELIDADE. Um dia venceremos porque Cristo também está com quem perde. Jesus não abandona o barco por causa do tamanho das ondas, nem muda de time porque o time está perdendo...

59

DEUS É DE TODOS. Esta é uma verdade que os pregadores se esquecem de dizer: Jesus não está só com quem vence. Deus não é Deus apenas de quem chegou lá. É também de quem ficou para trás. A cruz que levamos ao peito é uma prova disso, porque de perder ninguém entendeu mais do que Jesus. É por isso que de vencer ninguém entendeu mais do que ele.

60

OS ATEUS E NÓS. Ou se crê em Deus ou não se crê. Se cremos, somos chamados a acolher os ateus. Não querem crer, ou não conseguem crer. Se conseguimos crer, então mostremos o que é crer num ser onipotente que a todos ama.

61

RESPEITO. Quem conseguir respeitar as outras crenças, estará um pouco mais perto do conceito de Deus... Até porque ninguém de nós jamais viu como Deus é.

62

IR PELO CAMINHO. Uma coisa é saber do caminho e outra coisa é segui-lo. A Bíblia é feita de propostas que alguns seguiram bem e outros mal. Está tudo registrado lá. Por isso, as contradições que podem existir na Bíblia são contradições de escritores, de seres humanos, de pessoas que interpretaram de forma diferente, assim como hoje, entre pregadores e Igrejas, cada qual acredita que achou e tem a interpretação correta. Será que tem?

63

ABSOLUTISTAS. Há sempre alguém absolutizando e puxando fiéis para a própria Igreja, seguro de que ali está a melhor interpretação da fé. Tirar um fiel de uma Igreja é fácil. Basta saber convencê-lo. Mostrar a verdade já é outra coisa. Se quiser, siga tais pregadores seguros de si. Se está precisando de garantias, vá com eles. Mas a garantia ainda não é a verdade. É apenas um aval!

64

É ASSIM A FÉ. Somos crianças diante do mistério. Ficamos encantados e achamos que é tudo assim, depois amadurecemos e podemos escolher entre não crer em mais nada, ou crer de maneira adulta. Aí a Bíblia toma outra dimensão, mas continua a mesma Bíblia. É questão de saber ler nas entrelinhas.

65

DÚVIDA E NEGAÇÃO. A dúvida não tem que estar automaticamente ligada à negação da fé. Posso ter dúvidas, confrontar seriamente as questões que me inquietam e aceitar o núcleo essencial da fé. Por um lado, posso tentar resolver as contradições aparentes, mas, por outro, apesar de não poder encontrar soluções para tudo, ainda assim confio. Bento XVI falou sobre isso magistralmente nos livros *Sal da terra* e *Luz do mundo*.

66

TEMPO E PACIÊNCIA. Faz parte da fé a paciência do tempo. Vamos pesquisando e aprendendo o que não sabemos; o que achamos poder responder, nós respondemos. Não forcemos respostas citando frases da Bíblia a esmo, só porque temos que ter uma resposta. Ora, se não temos, a honestidade nos manda dizer que não temos. Religião é isso. É também admitir que não sabemos... Isso também é sabedoria!

67

PLACEBO. Respostas prontas e panaceias não deveriam fazem parte das Igrejas. Empurrar pomadas e remédios no freguês não é coisa de boa farmácia...

68

CRISTÃOS. Se um cristão católico, ortodoxo ou evangélico vem com respostas prontas sobre tudo, então a responsabilidade é dele, porque a primeira coisa que um cristão deve aprender é que ele não é um sabichão.

69

CONSCIÊNCIA. Há muita coisa que um pregador não sabe e admite que não sabe. E se houver algum pregador que diz que sabe, ele que assuma a responsabilidade do que falou porque, neste caso, estará falando sozinho.

70

SONHOS TÊM LIMITES. Você já deve ter ouvido essa expressão: "Não desista de sonhar". Mas você nunca vai ouvir de uma pessoa séria a frase: "Não desista de todos os seus sonhos". De alguns, você tem que desistir. Na maioria dos casos, de fato o que você deve fazer é não desistir dos seus sonhos, mas, se for esperto, há algumas oportunidades que não deve agarrar. De alguns sonhos você deve desistir, sim! Podem levar à loucura.

71

SONHOS MAUS. Se você é razoavelmente inteligente, desista de alguns de seus sonhos, porque alguns deles ferem e matam. Aprenda a largá-los e a desistir dos sonhos maus, pois eles podem matar.

72

VIVENTES E MOVENTES. Por alma entende-se *animus, anima, animare*, capacidade de mover o seu ser por si mesmo. A planta não tem alma, não se move, só o vento faz com que faz ela se mexa. Depende de

Manual do servo inútil

outro movente! A pedra não tem alma, não se mexe, não tem motor, é um outro elemento que a faz mexer-se. Animais não têm alma, se movimentam, mas padecem da falta de reflexão, da capacidade de juntar as coisas.

73

O SER HUMANO TEM ALMA. Pode juntar as coisas, pode tirar conclusões, planejar, projetar o futuro, aprender com o passado, além de pressentir e sentir. Analisamos, movemos, combinamos, erguemos, planejamos, salvamos, destruímos, reconstruímos. De certa forma, os animais também fazem isso, mas por instinto. O castor, por exemplo, faz o que faz por instinto, e há milhões de anos faz a mesma coisa.

74

HÁ UMA DIFERENÇA. A formiga faz o que faz por instinto, e há milhões de anos faz a mesma coisa. Mas nós, não; nós fazemos de um jeito diferente, pegamos o princípio da coisa e modificamos o que for preciso. Mas há uma diferença, e essa diferença nos permite afirmar que temos alma e que as outras vidas não têm: nós pensamos, podemos controlar nossos sentimentos e nossos pensamentos, vamos ao porque interrogativo e exclamativo, ponderamos, temos abrangência, pensamos.

75

MÍDIA TEM DONO. Todos devemos ter muito cuidado com esses contratos com firmas e empresas de comunicação. O famoso Silvio

Santos, dono do SBT, deixou claro no mês de fevereiro de 2014, para Rachel Sheherazade, apresentadora do canal, que apresentadora não comenta. Apenas dá a notícia. Isto é: o SBT tem dono, e a notícia ali veiculada tem destino e tem serventia! Não concordei com a comentarista em tudo o que ela dizia, mas o mito da imprensa livre precisa ser repensado pelas esquerdas e direitas do mundo! Estou com os sociólogos que dissecam este mito.

76

OPINAR. No Ocidente e no Oriente, no capitalismo ou no que sobrou do comunismo, nas religiões e Igrejas, nos governos de esquerda ou de direita, entre católicos e evangélicos e pentecostais, quem opina sabe que tem limites para fazer isso. Se quiser fazê-lo, terá que enfrentar os dogmas, a práxis e as cúpulas de seus grupos e de suas Igrejas.

77

LIBERDADE RELATIVA. Imprensa mais ou menos livre existe, mas convém perguntar até onde o escritor ou porta-voz pode ir. Somos servos inúteis em algumas circunstâncias... Ninguém é livre para mandar e desmandar, mesmo que seja o todo-poderoso ditador de algum istmo ou de uma ilha.

78

CONTROLE. Se for para dizer o que os donos da mídia querem, é melhor não aceitar estar lá. Sou controlado pela minha Igreja e aceitei isso, porque duvido que exista alguém que não seja controlado no que fala. Então prefiro o controle da minha Igreja, assim como outros pregadores são controlados pelas suas. Ingênuo é quem acha que a mídia não controla seus funcionários e seus contratados.

79

LIBERDADE OU APROVAÇÃO? Se um dia fosse permitido que a gente falasse com liberdade – por que não? –, eu assinaria contrato com alguma emissora que me quisesse como comentarista. O diretor teria que estar insano para me deixar ler e falar livremente sobre as encíclicas libertadoras da Igreja. Na primeira intervenção como padre católico que defende o conceito de vida e de libertação defendido pelo Papa Francisco, e que foi defendido por muitos santos bispos brasileiros, eu seria reprovado.

80

PREGADOR DE JESUS CRISTO. Esse é um assunto delicado. Pregador não pode ter nem a língua presa, nem qualquer outra coisa presa aos donos do poder. Ou ele é profeta e defende o povo ou não será pregador de Jesus Cristo.

81

INFORMAÇÃO. Seria necessário e interessante que todos os católicos lessem ao menos a Bíblia, o Vaticano II, o Catecismo, o Compêndio da Doutrina Social, os principais documentos da sua Igreja e

Pe. Zezinho, scj

os documentos para a região onde eles vivem, no caso aqui do Brasil: documentos do Celam e documentos da CNBB. Este católico estaria informado. E, a partir daí, qualquer decisão que ele tomasse seria evidentemente com conhecimento de causa. Poderia dizer como Pedro: "A quem iríamos? Só tu tens palavras de vida eterna".

82

FÉ FEITA DE PERGUNTAS. Um "discípulo missionário católico" na mídia deveria dar uma chance especial aos teólogos, aos pedagogos, aos pastoralistas, aos especialistas em catequese, que ajudam o católico a buscar o essencial. Jesus diz em João 16,5. "Estou dizendo que vou para aquele que me enviou e ninguém de vocês me pergunta onde fica, para onde vais?" Jesus está dizendo que a fé é feita de perguntas e de diálogo, então perguntemos e dialoguemos.

83

GERADOS E GESTADOS. As comunidades cristãs, na verdade, não geram; elas gestam o fiel. O fiel não nasce da comunidade. A gestação acontece na comunidade. Mas a geração vem muito antes. Oremos para que a Igreja nos geste, porque criados antes.

84

DECLÍNIO? As expressões são de Bento XVI, mas muitos bispos e teólogos já falaram desse assunto. Fala-se de gente exótica, de Igrejas exóticas e de um declínio da religião, no sentido de que, quando qualquer um pode fundar uma religião, uma Igreja, então você não está mais numa proposta religiosa, mas sim numa proposta grupal. Não se fala mais de cristianismo, mas de igrejismo. A pessoa adere muito mais a uma Igreja e a um fundador e a um pregador do que ao movimento chamado cristianismo, porque cada um inventa o seu cristianismo para justificar a sua nova Igreja.

85

TOMEMOS CUIDADO COM A FÉ EFÊMERA. Passa como passam todos os modismos, em função de algum novo pregador que acerta no marketing. Vai-se ele e não sobra quase nada do ensino que supostamente deveria pregar. Ficam ele e as lembranças do seu rosto e de seus gestos espetaculares. Mas poucas pessoas se lembram do seu ensino! Sua figura impressiona, mas suas palavras não calam fundo. Com Jesus, Paulo e muitos grandes pregadores da fé foi muito diferente.

86

MUTÁVEIS, MAS NÃO DEMAIS. Somos chamados a ser pessoas que aprendem a mudar, sabem quando mudar, por que mudar e quando não mudar e por que não mudar. Enfim, somos chamados a aprender a ser pessoa estável e ao mesmo tempo mutável. É possível ser as duas coisas. Essa é a ideia da vida! Em algumas coisas ficaremos como estamos e em outras mudaremos, porque mudar é essencial para ser pessoa. O que tiver que ser mudado mudará, e o que não deve ser mudado permanecerá. Entre o conservador e o progressista está o ser humano equilibrado.

87

SORVER A VIDA. Aprenda a sorver a vida aos poucos, e não tudo de uma vez. Seja menos guloso na vida e em tudo o que fizer. Conselho de macaco esperto para macaco que precisa ser esperto; porque macaco bobo põe a mão na cumbuca e quer tudo de uma vez. Macaco esperto aprende a sorver a vida aos goles e aos poucos: tal o macaco, tal a pessoa!

88

MARIA ARMAZENOU. Jesus elogiou Maria, sua mãe, mas, por meio dela, elogiou toda e qualquer mulher, todo ser humano que ouve a Palavra e depois não a fecha nem a põe num baú. Guarda e aprofunda e pratica o que ouve. Maria armazenou para depois usar.

89

MÃE PRESENTE. A expressão mereceria várias canções! Maria não aparece mais do que o necessário... Os atos da mãe de Jesus podem se traduzir pela palavra "presença". Ela foi mãe presente, mas não açambarcante! Não ficou apenas na teoria: viveu tudo aquilo que ouviu e praticou tudo aquilo que aprendeu. Gosto de pensar em Maria dessa forma. Ela sabe o quanto eu a amo, mas não exagero sobre seu papel ao lado de Jesus. Ela sempre foi secundária. Seu filho vinha primeiro! Louvor excessivo a Maria é desrespeito a ela. Está aí algo que ela não quer. Por ela, devemos gastar mais tempo com o Filho dela. E imagino que o Filho gosta que prestemos homenagens a Maria.

90

APEGO DEMAIS NÃO É NORMAL! As pessoas que se apegam demais a dinheiro, fama, sexo, primeiro lugar, tóxicos, cigarro, bebida, honrarias, diversão, têm alguma falha na sua formação moral e intelectual. Não é que não prestam: estão prisioneiras. Quem está prisioneiro, por melhor que seja, é um sujeito que não pode ir aonde quer, embora pareça que esteja indo.

91

GRUDENTOS DEMAIS. Somos mais ou menos grudentos quando nos deixamos prender por necessidades absolutas das quais não conseguimos nos libertar. Tornam-se necessidades desnecessárias; você não precisa daquilo, mas começou a precisar um dia e não consegue mais deixar de necessitar disso. É algo desnecessário: o cigarro e a bebida, por exemplo. Você não precisa disso. Mas inventa mil desculpas para encher cinco copos ou tragar cinco cigarros. Da droga, nem se fala! Esta realmente escraviza.

92

CHAVES E PRISÕES. A verdade é que quem tem uma chave não é prisioneiro. Mas quem não a tem, é prisioneiro de qualquer grade, de qualquer porta ou janela. Terá que arrombá-las, se quiser sair. A solução para isso pode estar em pedir a ajuda de Deus para conseguir uma chave, e também a graça de não jogar fora a chave que já se tem. Muita gente jogou-se fora em busca do prazer imediato. O pensamento e a reflexão são fundamentais para quem quer atingir qualquer tipo de felicidade.

93

NOSSA IGREJA NÃO É PESSIMISTA. A Igreja Católica, pela sua doutrina, não é um tanto quanto pessimista com relação ao homem? Não proíbe demais? O então Papa Bento XVI disse, respondendo ao que hoje a gente observa na imprensa a respeito de a Igreja ser pessimista: defendemos o ser humano desde o primeiro instante da concepção até o último suspiro, defendemos o direito de até o bandido ser julgado e não ser nunca maltratado, defendemos os direitos humanos até de facínoras, e chamam a Igreja de pessimista?

94

TESTEMUNHOS DEMAIS. Você tem que se perguntar até onde é sério o pregador ou a pregadora que dá testemunhos que afirmam que uma pessoa entrou para certa Igreja e agora tem emprego, tem dinheiro e está rica. Até onde isso tudo é verdade? Esta propalada eficácia serve para perguntar sobre a nossa Igreja e sobre a dos outros. Basta saber pedir que Deus atende? É isso o que os evangelhos garantem? Ou há mais a ser levado em conta depois que oramos? Será verdade o ditado "orou, conseguiu"?

95

O PREGADOR OU O CRISTO? A verdade é que estamos vivendo tempos de aguda crise. Anuncia-se Jesus, qualquer um pode anunciá-lo de qualquer forma e com qualquer argumento, aumentam-se os templos, a ponto de numa só avenida haver oito ou nove, dez templos novos, e todos eles anunciando a verdadeira fé, o verdadeiro Deus, a verdadeira religião, o verdadeiro Cristo! Só que quase não se vê os fiéis daquela Igreja tomando café juntos, nem os pregadores se reunindo para falar das suas ovelhas do Cristo. Mais pertencem ao pregador do que a Cristo!

96

CABINES TELEFÔNICAS. O que se nota é cada um falando com seu Deus, como crianças num acampamento. Cada criança fala com sua mãe, mas sem conversar entre si. Como cabines de telefone, uma ao lado da outra, mas sem se conversarem. Todas falando com o mesmo Jesus, mas ninguém se falando. Essas não são atitudes de cristãos!

97

CERCAS MUITO VISÍVEIS. Essa divisão entre as Igrejas, essa separação e esse tipo de comportamento devem ser analisados com serenidade e esperteza. Jesus mandou fazer isso, mandou desconfiar de quem dissesse saber tudo sobre ele. Esse tipo de sociedade que estamos criando, na qual qualquer um pode fundar uma Igreja, qualquer um, mesmo sem nenhum estudo, pode ir à televisão e ao rádio anunciar que conhece a Deus e que experimentou revelações e as delícias do céu antecipado, isto faz adeptos, mas lança em descrédito a fé cristã.

98

QUANDO DEUS PEDE UM NOVO TEMPLO... Dizer com certeza absoluta que Deus está pedindo um novo templo, que Deus está dizendo

Pe. Zezinho, scj

coisas para a comunidade, isso é crise. Em que sentido? Nós não temos mais parâmetros. Se qualquer um pode, então também se pode dizer qualquer coisa. Está faltando seriedade não só na religião, mas na medicina e na ciência. Há sempre aqueles que fingem ser cientistas, mas não o são; fingem ser formados em religião, e não o são; fingem ser formados em medicina, e não o são. Enganam as pessoas com uma credibilidade que não provaram possuir! Mas o marketing pode fazer de alguém um anjo ou um demônio! A manipulação das imagens e das palavras faz com que fique difícil pregar o Evangelho. Sempre foi difícil, desde o tempo de Jesus, de Pedro e de Paulo. Sempre apareceu alguém que não era do ramo e inventava o seu cristianismo, mais fácil e mais espetacular. O espetáculo continua todos os dias no rádio e na televisão.

99

ESCOLHAS. Vivemos uma era de muita confusão, porque muita gente está dizendo que sabe o que não sabe e prometendo o que não pode prometer. Por isso escrevo livros: *Que crente, que fé, que Deus?*, *Anunciar Jesus em tempos de crise*. Com quem você irá? Com o pregador que promete mais, ou onde sente que a coisa é mais séria, mesmo que não prometam tudo para você? Em que loja vai, na que faz liquidação ou naquela em que tem produto de qualidade? Escolha!

100

DISCORDAR DE UMA IGREJA. Nós que pregamos na mídia, se discordarmos de uma Igreja, temos que fazê-lo, mas com respeito. Se concordarmos com ela, temos que elogiar. Somos chamados a elogiar o que há de bom no outro, embora o outro pense diferente. Somos chamados a criticar o que há de errado no outro, mas com respeito. E, dentro da própria Igreja, somos chamados a elogiar o que há de bom e a chamar a atenção para o que não está tão bom. Isto se chama correção fraterna! Mas poucos aceitam ser corrigidos por um irmão. Elogios, sim! Críticas fraternas, nunca! Assim tem sido o comportamento das Igrejas ou grupos e comunidades. Não querem a verdade, confundem elogio com verdade e sinceridade com agressão.

101

CORREÇÃO FRATERNA. Se uma pessoa descobriu a correção fraterna descobriu o "eu te amo, mas não concordo com você nisso ou naquilo". Não é o que fazem os pais? Não é o que fazem as mães? Não é o que fazem os irmãos? Não é o que fazem pais e filhos? Amam-se e, porque amam, corrigem. Aceitam o que deve ser corrigido porque amam. Quando a gente se rebela e não aceita correção nenhuma, há alguma coisa errada conosco. Jesus corrigiu e aceitou que os discípulos falassem abertamente com ele.

102

CORRIGIR E ACEITAR SER CORRIGIDO. Aceitemos ser corrigidos e tenhamos a coragem de corrigir, se discordarmos de alguém. Isto se faz pelo diálogo. Pode até ser que ao corrigir descubramos que éramos nós os errados. Pensem nisso e, da próxima vez que discordarem de algum irmão ou irmã, digam isso para ele ou para ela. Peça a esse irmão os livros nos quais achou aquela doutrina; comece a questionar-se com carinho e nossas pregações irão melhorar.

103

DISCORDAR COM RESPEITO. Já tive amigos padres que deixaram de falar comigo porque ousei discordar de suas pregações. Mas o interessante é que antes eles corrigiam minhas pregações. Quando corrigi as deles, acharam que era desrespeito.

104

A CULTURA DA PAZ. A cultura da paz é muito mais avançada, mas é mais demorada do que a cultura da violência. Em pouquíssimo tempo pode-se fazer um ser humano ficar violento, mas demora muito mais para fazer dele um ser humano que dialoga e que seja pacifista. Por que isso? Por que o mal vem mais depressa e é mais fácil realizar do que o bem? É que o bandido pega você de surpresa. Ele já veio preparado para fazer o mal e percebe que você não está em guarda. Em geral, ele é traidor. Todo assaltante é traiçoeiro. Pega você quando não tem como reagir. Portanto, ele é um covarde. Não avisa que vai atacar. Pega você exatamente porque é de boa paz.

105

A BONDADE QUE SE EXPLICA. Na verdade a bondade não precisaria se explicar. Mas a desconfiança nos outros nos leva a exigir provas de bondade. Ela existe, só que demora mais. É muito mais demorado educar um ser humano para a bondade e para a honestidade do que fabricar mais um bandido. Talvez seis meses numa cadeia forme um bandido, porque lá não há formação adequada. Os pais demoraram dezoito ou vinte anos para formar um filho, ou até mais. A cadeia e os falsos amigos são mais rápidos. Dá-se o mesmo com a prostituta. Ganha-se mais dinheiro com o crime e com a vida livre! É o que muitos pensam. Os juros aparecem mais tarde!

106

LOUVADO SEJA DEUS PELOS ESPECIALISTAS DA PAZ. São sacerdotes católicos, reverendos evangélicos, psiquiatras, psicólogos, sociólogos, assistentes sociais, cada um evidentemente com seus conhecimentos e atuando em seu ramo, mas todos preocupados em ajudar a mente humana, o sentimento, a vontade, enfim, a alma. A ciência da alma hoje é bem desenvolvida, mas ainda precisa ir mais longe. De qualquer maneira, se você tiver um familiar com algum tipo de desequilíbrio, algum distúrbio de comportamento, é bom saber que há pessoas capazes de ajudar. A alma humana é intrincada, e quando ela se desconjunta precisa de especialistas.

107

INTRINCADOS. Um motor de avião tem milhares de peças, todas elas sujeitas a derrubá-lo. Os motores precisam funcionar e ter resistência para que o avião possa voar. Mas a alma humana tem muito mais peças e é muito mais intrincada! Não mexa com a alma humana, se você não estudou o suficiente. Não brinque de padre e pastor, de psicólogo ou psiquiatra, se não estudou o comportamento humano. Quem sabe, muitas vezes, erra; imagine então quem nunca estudou os meandros da mente humana!

Pe. Zezinho, scj

108

DESTRINCHAR-SE. Se você é católico, procure um bom padre, daqueles que sente que é maduro. Se é evangélico, procure um bom pastor, daqueles que sente que é maduro. Não vá a qualquer um e também não vá a qualquer psicólogo ou a qualquer psiquiatra. Procure ver pessoas serenas em tudo. Peça ajuda, porque os especialistas existem. E é preciso pedir ajuda quando a gente não consegue mais processar o próprio comportamento.

109

CAVALOS CHUCROS. Mídia, riqueza e fama têm vida própria e agem como cavalos chucros. Você vai ter que pagar altas dívidas, vai enfrentar altos compromissos, se ficar rico. Se ficar rico depressa ou devagar, vai se perguntar se vale a pena. Se achar que vale, tudo bem! Mas entenda isto: não estará ficando rico para você mesmo! Para valer a pena, você estará ficando rico para os outros. Se fizer isso, será um bom servo inútil. Produziu riquezas para a sociedade. A catequese do ter ou não ter, do ter muito ou ter pouco, difunde a virtude de ser para os outros. Quem é, sabe ter ou não ter. Quem não é, nem sabe ter nem ser.

110

MÃOS ABENÇOADAS. Veja como é importante o uso das mãos. Se você tem algo para dar, precisa dar; se não tem, peça desculpas, mas use sua pedagogia. Não deixe o outro se sentir um zero à esquerda. Temos que dar tudo, precisamos dar a nossa contribuição. E é por isso que é difícil pertencer ao Reino dos céus. Se ficamos perguntando demais, antes de oferecer ajuda, acabamos não dando nada. Escolha entre dar nada ou dar pouco.

111

DOAR PORQUE DEUS DÁ. Se Deus não tivesse misericórdia para conosco, não teríamos o que temos. Se não tivermos misericórdia para com o pobre, não ajudaremos Deus, por nossas mãos, a dar ao pobre o que ele precisa.

112

RESPONSABILIDADE. Se alguém precisou de mil e quinhentos reais, e isso não aconteceu uma única vez, decida se deve correr o risco de outra vez dar ou emprestar. É diferente de dar cinquenta ou quarenta reais!

113

LARES DESFEITOS. A Igreja tem pensado nos lares desfeitos. Acabei de fazer uma canção com o título "Lares desfeitos". Foi composta para pensar nas segundas uniões. Escrevi a pedido de bispos. Essas uniões não conseguiram se tornar sacramentais, mas ainda há o respeito. Não há mais o desejo. Se este voltará, não se sabe, nem esses casais sabem. Existem amizades que se tornam amor conjugal. Existem amores conjugais que se tornam amizades, isto e apenas isso! É o caso desses casais. A Igreja tem olhado para esses casos. São de difícil solução, mas uma coisa é positiva: embora não se amem como antes, não se odeiam e jamais serão cruéis um para com o outro. Merecem consideração!

114

RECIPROCIDADE NO PERDÃO. Foi Jesus quem disse que, se quisermos ser perdoados, teremos que nos arrepender e perdoar. Não há algo mais recíproco do que isso. Quer ser perdoado, perdoe! Foi ofendido, perdoe! Tem o direito de se vingar? Não! Não se vingue! Por isso é difícil ser cristão. Outras religiões são mais abertas na questão da reivindicação. Cristão não reivindica justiça vingando-se!

115

A GRAÇA DE PERDOAR. Se nossa Igreja permitisse vingar-se, seria tudo mais fácil; só que ela não permite. Está nos Evangelhos! Pensemos nessas coisas. Peçamos a graça de perdoar. É uma das coisas mais difíceis que há no coração humano: perdoar a quem quer o nosso mal ou pedir perdão a quem por acaso nos machucou no passado.

116

QUILATE E CARÁTER. Uma pessoa de caráter é como uma pedra preciosa, ouro de grande quilate. Pessoa de caráter é alguém confiável, sólido, solidário, passou pelos testes de humanismo e de humanidade. Pessoa de caráter duvidoso ou sem caráter é aquela que provavelmente trairá; não é confiável. Pelo que você sabe da sua história e pelo seu passado, ela escolherá a si mesma, fugirá do dever, faltará à palavra, enganará, abandonará e mentirá o quanto puder, porque já o fez antes. Vale o que ela sente e não o que os outros sentem. Se as coisas não forem como ela quer, irá embora da comunidade ou descartará os amigos.

117

ESTÉTICA E ÉTICA. Quando para a pessoa não confiável o outro é mero detalhe, quando religião e política são meros trampolins, enquanto for o outro útil, ela o usará. Depois, se for preciso, mudará de partido, de Igreja, de grupo de Igreja, sempre de acordo com a sua mais-valia. Tudo é trampolim. Ela quer fama, dinheiro, poder, quer a si mesma, porque é uma narcisista ambulante. Não há ascese nem renúncia no seu dicionário de vida. Sabe que descarta os amigos, e o fará sempre que levar vantagem. Para tal pessoa, a estética supera a ética!

118

SE TAL PESSOA É FELIZ? A história mostra que não. De tanto fazer os outros de mero objeto, não consegue ser sujeito. É uma aberração. Está eternamente em competição consigo mesma. É estátua bonita que entortou por falta de solidez e de alicerces. É uma torre de Pisa viva. Tentemos compreender essas verdades e oremos para que Deus nos dê a graça de prometer e cumprir nossas promessas. Muito mais depende de nós do que de Deus. Ele já é fiel, e já fez a parte dele (1Cor 1,9).

119

CUIDADO COM O SEU DÍZIMO. Você que dá o dízimo, faça escolhas justas... Se quer contribuir para sua emissora de rádio, faça-o, pois é preciso; para a televisão dirigida pelo seu grupo, faça-o, pois é preciso; para o movimento que você admira, faça-o, ajude-o! É preciso que haja dinheiro para a evangelização, isso em todas as Igrejas! Mas não se esqueça do dinheiro dos pobres. Se você sentir que aquele outro dinheiro

Pe. Zezinho, scj

é bom, mas não chega aos pobres, faça uma divisão e dê para o pobre. Então você estará cumprindo a verdadeira finalidade do dízimo, tenha ele o nome que tiver.

120

PRATIQUE O DÍZIMO. Mas pratique também a "sedaka", que é o dinheiro do pobre e é sagrado. Mais sagrado do que o dinheiro para uma emissora de rádio ou de televisão. Pense nisso! E se algum marqueteiro de TV católica ou evangélica ensinar diferente, questione-o. Dinheiro para nossas TVs é coisa de Deus, mas desde que você reserve a parte dos pobres da paróquia de seu bairro.

121

A HISTÓRIA DOS 10%. Dar 10% do que ganham a uma Igreja, que só investe em rádio e televisão, torres, bancos e templos, e não em hospitais, creches, asilos ou obras sociais de vulto, é dar dinheiro para uma elite da Igreja, mas não para os pobres.

122

O DÍZIMO DOS POBRES. Faça um favor a si mesmo, toda vez que for dar o seu dízimo: não importa a qual Igreja você pertença, pense nos pobres e veja se ele está chegando aos pobres... então dê! Dízimo é coisa séria, não se brinca com essa história de arrecadar para apenas erguer templos. Religiões devem ser adoradoras cada vez mais e não tão arrecadadoras como algumas são. Porque, às vezes, pregador rima demais com arrecadador e muito pouco com libertador. Falei, sustento e assino embaixo.

123

GENTE QUE LÊ E QUE PENSA. Não é uma brincadeirinha. Não é fácil ser cristão consciente e cristão inteligente. Gente que lê e pensa! Também não é fácil ser ateu inteligente e consciente, que lê e pensa. Muitas vezes a pessoa reage motivada por sentimentos. E os sentimentos às vezes fazem o ateu agressivo e o religioso dono da verdade. Há ateus e religiosos carentes que, na falta de argumentos, ofendem as convicções do outro. Falta Deus ou raciocínio dos dois lados.

124

DEUS JÁ DEU AS RESPOSTAS. Crentes ou ateus, ambos esperam que Deus fique dando, o tempo todo e a toda hora, mais respostas e sinais. Mas ele já os deu! É o caso da mãe que já deu todos os instrumentos para a criança usar, mas ela fica chamando a mãe a todo instante. É carência! Muita gente tem esse tipo de religião ou de ateísmo. Querem respostas, mesmo quando elas não existem. A vida não é toda feita de respostas claras. Você não vê luz o dia todo, nem mesmo quando tem uma enorme lanterna! A escuridão existe e é para todos!

125

PTERODÁCTILOS. Eu já o disse, mas repito também neste livro... A mística do pterodáctilo talvez ajude o servo inútil! Espero que todos

Pe. Zezinho, scj

reflitam sobre isso. Há pardaizinhos que acham que são águias e há águias que, mesmo grandes, se sentem pequenos pardais. O tamanho a gente decide, mas o ideal seria que não nos imaginássemos maiores do que somos, porque começaremos a não dar conta dos compromissos. Formiga que leva a folha inteira não chega ao formigueiro. É melhor que ela leve um pedacinho do qual dê conta. Em tempo, pterodáctilo era uma espécie de réptil voador pequeno, pouco menor que uma galinha. Era da mesma época dos monstruosos dinossauros. Mas, se colocados lado a lado, seu tamanho decepciona! Não é como alguns filmes antigos os pintavam! Quem os imaginou grandes, enganou-se!

126

TRATO COM AS PESSOAS. Não importa qual a sua profissão, o seu chamado, a sua vocação... Temos que ser gente de fino trato, porque, se não soubermos ser gentis, até quando exigirmos disciplina, não teremos atitude de cristão. Paulo propunha o ósculo santo entre os cristãos. Isto é, naquele tempo também havia outros tipos de ósculos! (1Cor 16,20). Ira, cólera, malícia, maledicência, palavras torpes da nossa boca, nem pensar! (Cl 3,8).

127

O TEMPERAMENTO DO PREGADOR. Sacerdotes, padres, pastores, diáconos, irmãs, seminaristas que gritam e ofendem o povo, porque não controlam seu temperamento, prejudicam o Reino de Deus. Gente grossa não passa a mensagem; gente de fino trato a passa até com mais possibilidade; há coisas que um sujeito não engole, mas, quando bem preparadinhas e temperadas, ele até agradece, porque foram oferecidas de maneira exigente, mas respeitosa. Quem maltrata o povo age como servo inútil e, além disso, mal-educado.

128

SERÁ QUE VALE A PENA? Às vezes, para fazer o bem, acaba-se fazendo o mal. Será que vale a pena? Apesar de Chernobyl e Fukushima, Three Miles Island, ainda vale a pena ter usinas atômicas? Você já se perguntou a esse respeito? Há males que se justificam? Ou deveríamos evitar todos eles? Assunto para se pensar em família.

129

HÁ MALES QUE SE JUSTIFICAM? Fazer o mal para conseguir o bem? Mesmo que por causa desse mal surjam outros males? Assunto delicado, mas que tem que ser enfrentado. Será que vale a pena por tanta gente em risco para ajudar tantos outros? Vale a pena matar ou permitir que se mate ou que por acidente morram 50 mil pessoas para beneficiar 1 bilhão? Será justo?

130

O JEITO É ENVELHECER DIREITO. A verdade é uma só: tudo envelhece, o navio, o avião, a casa, o carro e as pessoas; surgem outros aviões, navios, carros, casas e belezas e pessoas e juventudes e também vêm novas Igrejas. Se você morrer sereno diante de tanta mudança, então a vida terá valido a pena. Mas se, por causa das novidades, ficar infeliz porque está envelhecendo, então não entendeu a vida.

131

ULTRAPASSADO E ULTRAPASSANTE. Na verdade, quem fica é você, e é você quem passa! Você é ultrapassado e ultrapassa. Ultrapassa alguma coisa porque está indo numa direção que nem você sabe onde vai dar. Você só vive esta vida, e se está indo de cabeça limpa, coração limpo e mãos limpas, então está indo bem! Envelhecer não é necessariamente morrer, porque há jovens que estão morrendo antes dos 30 anos. Envelhecer é encontrar a sua foz. Se chegar limpo, tanto melhor para o rio e para você!

132

STATUS QUO. Falemos de *status quo.* A tendência da maioria das pessoas é procurar o *status quo.* É o famoso "já que todo mundo faz", "já que é assim". Elegem o *status quo...* O povo como um todo é conservador. Por isso tem resistência a mudar. Só muda quando sente falta do básico, do necessário. Não luta por melhorias substanciais. Na sua pauta preocupa-se com emprego, segurança e alimentação. A escola dos filhos, e até os hospitais vêm depois. E o governo que não conseguir alimentar o povo, dar água e luz, dar segurança no bairro e garantir emprego, corre o risco de perder a eleição, com ou sem alianças... Passa de herói a governo inútil!

133

ELEITORES CONSERVADORES. Muitos eleitores não buscam a possibilidade de algo ser melhor, com gente melhor; insistem em escolher pessoas piores, indignas, incompetentes para as lideranças. Mostra de medo de mudanças vindas da direita ou da esquerda por causa da militância dos dois lados. Para o povo, militância é briga, política é briga. Por isso escolhe quem parece bonzinho. Ele deixa o trabalho sujo para asseclas capazes de fazer o sujo! Muitos cabos eleitorais não passam de capachos eleitorais!

134

AS PRIORIDADES DOS ELEITORES E AS DOS GOVERNANTES. Em geral os eleitores são conservadores. Têm medo de grandes mudanças. Ficam com as grandes corrupções e com os grandes desvios, com medo de uma mudança que tire um pouco do conforto que ainda têm. Governantes espertos jogam com isso. Os eleitores engolem dez estádios novinhos em folha a custo exorbitante. Em alguns casos, de 180 milhões, o estádio passa a 300 milhões. Mas no país inteiro não há passeatas nem verbas pela recuperação de um hospital do câncer, nem há prontos-socorros nos bairros. Estádio da Fifa com o maior conforto! Corredores de hospitais, porém, parecendo pocilgas. Custariam menos e beneficiariam diariamente mais pessoas, mas o dinheiro do hospital não sai. O estádio sai, custe o que custar! A Copa do Mundo de 2014 mostrou quais são as prioridades dos eleitores. A maioria engoliu os estádios sem grandes passeatas, mas também engoliram os hospitais sucateados sem grandes passeatas. Servos inúteis!

135

RENÚNCIA NECESSÁRIA. Para você que me lê, pergunto: "O que significa a necessidade da renúncia, do sacrifício, do morrer um pouco para seu povo viver melhor!". Para Marcuse, a felicidade não é um valor cultural porque está subordinada à disciplina e ao trabalho. A libido, segundo ele, precisa ser controlada. Vida melhor para todos supõe sacrifício maior para todos. Não é que a liberdade venha de graça: ela exige empenho e trabalho.

136

LIBERDADE DEMAIS É MÁ, LIBERDADE DE MENOS É CRUEL. Isso é o que diz Marcuse. Numa sentença profunda, baseada em Freud, ele diz que a livre gratificação das necessidades instintivas do homem, isto é, ceder ao instinto, é incompatível com a sociedade civilizada. Não posso fazer tudo o que o meu instinto quer, porque, se eu fizer isso, vai haver baderna. Tenho que me reprimir para que o outro seja livre. Não posso fazer tudo que quero, senão o outro não será livre. E o outro não pode fazer tudo que quer, senão eu não serei livre!

137

EDUCAR PARA A DISCIPLINA. Continuando o raciocínio de Marcuse, os pedagogos lembram que ninguém pode atravessar o farol vermelho só porque quer... O vermelho é para que a pessoa se reprima, a fim de que a outra continue. Amanhã, tenho que me reprimir para que o outro continue. No semáforo e na vida, a disciplina é fundamental. Convém aos pais que eduquem seus filhos para a disciplina, porque o excesso de liberdade provoca novas cadeias e novas prisões e novas perdas de liberdade. Em resumo, não existe liberdade total; se existir é loucura. Alguém diga isso para os *black blocs*, que grafo com letras minúsculas porque seu comportamento é minúsculo!

138

PRAZER PELO PRAZER. Para Marcuse a gratificação, isto é, buscar o prazer pelo prazer como um fim pessoal, como um fim em si mesmo, é uma força destrutiva. Acaba de certa forma prejudicando o outro e o indivíduo; não leva à liberdade.

139

A CIVILIZAÇÃO COMEÇA QUANDO COMEÇA A DISCIPLINA. Segundo Marcuse, os instintos são canalizados e os impulsos animais se convertem em instintos humanos. E acrescento: é como o desbravamento, controla-se a floresta, os rios, o verde, mas tem que ser com equilíbrio, porque senão o desbravamento vira desmatamento e vira morte. É preciso achar um limite, é fundamental. Quando o autor fala de "civilização repressiva", lembra que Eros é repressão. Depois de Eros pode vir civilização não repressiva. Posso e devo proibir-me, posso e devo proibir o outro, mas só até certo ponto. Posso e devo permitir-me e permitir ao outro, mas só até certo ponto! Água demais mata, e água de menos mata! Comida demais mata e comida de menos mata. É por aí, concordemos ou não, mas não brinquemos com a força das águas nem com a força dos instintos!

140

O CONTROLE DO INSTINTO. Aquele professor universitário de mais de 50 anos, que quase massacrou sua esposa e se jogou do sétimo andar para a morte com o filho de 6 anos, enlouqueceu porque não conseguia controlar seus instintos. Deixou-se levar pela ira, pelo ciúme e por outros instintos. Era o macho dominador que não mais dominava. E tinha formação universitária! Hitler e Stalin também eram inteligentes! Também os ditadores de hoje são inteligentes para submeter as multidões, mas tremem de medo quando encontram alguém que de fato resiste à sua autoridade. Colocam os outros líderes na cadeia por décadas ou os matam! Mas os admiradores se encantam com sua conversa inteligente e com o seu bom humor!

141

O JUSTO LIMITE. Carinho demais faz mal, carinho de menos faz mal; punição demais faz mal e punição de menos faz mal. Achar o justo limite, algo que proíba sem ser excessivamente repressor ou repressivo, ou que permita sem ser excessivamente permissivo, este é o caminho de uma democracia, de uma família, de uma igreja, de uma sociedade. É a arte do sim, sim e do não, não. Governos, oposições, igrejas, *black blocs*, partidos e esportistas podem ir até que ponto? Depois disso, como devem agir os juízes? E quando eles passam do limite? O que fazer para sermos servos úteis?

142

O QUE É PERMITIDO? Até onde é permitido? É proibido até que ponto? É esse meio-termo que os sistemas não acharam, nem o comunista ou marxista, nem o capitalista, nem os reinos, nem os impérios, nem as democracias. Não acharam o justo limite, a justa medida de liberdade para o cidadão. Vai-se até certo para o cidadão e para grupos. Depois disso, se eles não se reprimirem por própria iniciativa, terão que ser reprimidos por outros meios e pelas constituições de cada país.

143

O OUTRO EXISTE. E, por causa dele, terei que me proibir algumas coisas. Você, que é pai e mãe, sabe disso; se você é irmão de um garoto menor, ou de uma menina menor, sabe disso. Há um basta que serve para todos nós: pais, filhos, idosos, crianças, incluindo o papa, o rei, o fundador de uma igreja, o presidente, a presidenta, o juiz, o militar, o famoso, qualquer ser humano.

144

EU E OS OUTROS. Há coisas que não posso por causa dele ou dela, e há coisas que posso exatamente por causa dele ou dela. No meio de tudo isso está sempre o outro, porque sem ele não há civilização e sem ele, na verdade, não há liberdade.

145

AMOR QUE PROÍBE. Peçamos a Deus a graça de amar, porque o amor ajuda a gente a se proibir e a se permitir e a ser livre. Não faço, não porque é proibido, não faço porque prejudicaria o meu filho, minha mãe, minha filha, meu pai... Viu como proibir é coisa boa? O amor é a única maneira de ser feliz e de fazer alguém feliz.

146

VÁ E FAÇA! Cristão não é só aquele que captou a ideia, entendeu, decorou a Bíblia, decorou o catecismo. Reza bonito, louva bonito, canta bonito, mas ainda não é cristão. Quem sabe citar frases bonitas de um livro de teologia, trechos bonitos de algum pregador, quem fica emocionado com as coisas da fé, ainda não é cristão. Então, o que seria um cristão? A soma de tudo isso, mais a caridade e o perdão. Alguém começa a ser cristão quando entende a parábola do samaritano. Vá e faça a mesma coisa! (Lc 10,30-37)

147

CRISTÃOS MISERICORDIOSOS. Cristão, segundo a parábola de Jesus, é aquele que usa de misericórdia até com alguém que ele nunca vira antes (Lc 10,37).

148

UM FAZEDOR. Quem é o servo útil que, por humildade, se proclama inútil? É alguém que, além de saber o que é a paz, vai lá e a faz. Ele não espera a vez dele, vai lá e faz. Não é apenas um escutador da paz; não é um decorador de trechos bonitos e de canções bonitas, é um fazedor! Se ele tem dinheiro, ele ajuda; se a pessoa precisa e ele pode ajudar, ele ajuda! Se alguém fica doente – ele ou ela –, porque mulheres são excelentes nisso, vai lá.

149

FAÇA ALGO PELO OUTRO! O Reino de Deus começa a se delinear quando alguém faz algo pelo outro; sai de si e segue o conselho de Jesus: "Vai tu e faze o mesmo!".

150

IMPOR OU PROPOR. Falemos sobre quem impõe a própria fé aos outros, dizendo que foi Deus que o mandou dizer e fazer o que ele faz. Já falei em outro livro, mas repito mais uma vez: por mais justificativas que encontre para agir como age, o religioso que impõe a sua fé, desculpem a expressão, é um canalha! O que mente para fazer adeptos, desculpem a expressão, é um calhorda! O que usa Deus e a boa fé dos fiéis para ficar rico, desculpem a expressão, é um desqualificado!

151

CARROS DE LUXO. Precisa de um carro para ir ao povo? Que ele o tenha! A média do preço dos carros de sua paróquia ou comunidade de fé custa em torno de 35 a 50 mil reais? O povo sabe dos preços. De repente, porém, o pregador aparece com um veículo de 180 mil reais! Não há pregação que convença os fiéis de que ele é um servo útil para o Reino de Deus.

152

PREGADOR DA FÉ QUE ENRIQUECE por pregar sobre o pobre e sobre o desapego é uma trágica ironia; não tem como chegar ao fim ileso e não tem como explicar seu conforto e sua riqueza. Teologia nenhuma justifica esta prosperidade.

153

PROFUNDIDADE. Disse o Papa Bento XVI numa das suas entrevistas: "Eu tenho dúvidas de que se possa resumir a palavra 'católico' numa fórmula, enquanto sistema de vida. Pode-se procurar apresentar para os elementos essenciais da fé católica, mas estamos falando de um projeto de vida. Por isso, penso que isso não pode ser expressado apenas em palavras. Tem que ser um modo de vida, uma adesão gradual a uma forma de pensar e de compreender Jesus. Deve ser uma relação recíproca de profundidade e de fecundidade".

154

O QUE É PRECISO PARA SER FELIZ? Tentei colocar isso que o Papa Bento XVI diz naquela canção "amar como Jesus amou". A criança, que realmente existiu em Coimbra, Portugal, perguntou o que era preciso para ser feliz. E eu disse na canção: "Para ser feliz era preciso... Amar como Jesus amou, pensar como Jesus pensou, viver como Jesus viveu, sentir como Jesus sentia, sorrir como Jesus sorria e ao chegar ao fim do dia, eu sei que dormiria um pouco mais feliz". Convenhamos que a canção era para crianças, mas o projeto para adultos. Qualquer um se sente um servo inútil na hora de viver esta mística!

155

AMAR, PENSAR, SONHAR, SENTIR, VIVER, DIALOGAR! Se alguém conseguir viver essas experiências, dá para dizer que ele está mais perto de ser cristão e católico. Paulo diz isso numa de suas belíssimas cartas, como na epístola aos Efésios. Propõe que os cristãos daquele tempo conhecessem o Cristo em profundidade, em largura, em cumprimento e altura; vale dizer, buscassem a abrangência. Se ficassem só num ponto, ou se eu ficar num mesmo ponto, não serei católico. Se me fechar num único esquema de vida, ainda não serei católico. Mas se conseguir abrir meu coração e minha cabeça para todas as riquezas espirituais que a Igreja oferece, então estarei ficando católico (Ef 3,14-21).

156

REJEITAR A ESPIRITUALIDADE DOS OUTROS. Em resumo: se eu não dialogar, e se rejeitar a espiritualidade dos outros; se puxar tudo para o meu jeito de orar e de cantar, não serei católico. Serei membro de uma seita simpática que se diz católica, mas que não se mistura com medo de ser contaminado por outras místicas! É como se os dominicanos tivessem medo de orar com os franciscanos ou com os beneditinos porque seu modo de orar afastaria os discípulos da outra comunidade!... Quem acha que isso não acontece, não tem observado o comportamento de certos novos grupos católicos!

157

ABRIR O CORAÇÃO E A CABEÇA. Se eu dialogar, se deixar o outro falar e se me dispuser a caminhar com ele e a ouvi-lo, se eu quiser aprender mais, então começarei a ser católico romano. Se abrir meu coração e minha cabeça, serei um cristão católico que dialoga! Caso contrário, sistólico não é católico! O sujeito diastólico, coração que se abre, é católico. O sistólico não se abre. Não há coisa menos católica do que o fanatismo e o fechamento numa só corrente de catolicismo. Ele pode espernear o quanto quiser, mas não se abriu o suficiente para aprender a orar e pensar com os outros! Seus gurus católicos o escravizaram a um jeito de orar e de pensar o futuro!

158

PORTAS HERMÉTICAS. Abra o seu coração para Jesus, mas não apenas para ele! O mundo também precisa de quem lhe abra o coração. Jesus sabe já acolher quem bate no seu coração. Um cristão católico missionário tem que arriscar bater também nas portas trancadas do mundo, e à frente das portas fechadas de milhões de pessoas prisioneiras. Batamos também nessas portas!

159

O QUE FAZ UMA IGREJA BOA? A própria Igreja precisava e ainda precisa repensar o que é ser Igreja. Será verdade que uma boa Igreja é a que luta para ser a maior ou ter o maior número de fiéis? Ou será a que ajunta mais gente numa cidade? Ou ser Igreja é levar mais pessoas ao diálogo e à profundidade da fé em Cristo?

160

SER IGREJA. O pensamento é de Bento XVI. Boa Igreja é aquela que se preocupa com as pessoas que vieram, não importa se são 20 ou 30 ou 1 milhão. Elas devem sair de lá com vontade de mudar de vida e de ajudar a quem precisa. É aí que se começa a ser Igreja. Foi o que o papa disse.

161

FAZER A PAZ. O sujeito que quer a paz, a faz. Se não a faz, ele não é de paz. Concluí isso de muitas observações do Papa Bento XVI. Os livros estão listados no fim deste volume!

162

AOS 70 ANOS! É o meu caso! O ser humano envelhece. Aos 70 anos as seivas demoram a chegar ou não chegam até certas partes do corpo. As células envelhecem, as coberturas já não são as mesmas, o cabelo já não é o mesmo, a pele já está ressecada e o corpo já começa a apresentar rugas. Quem já chegou aos 75 e aos 80 anos não tem como escapar. Sinto pena de idosos que não se conformam e até se revoltam com os olhos e os ouvidos e as pernas que não obedecem. Uma coisa é buscar bons médicos, e outra é agredir o médico porque ele não acha o remédio certo. A medicina tem seus limites. Se quiser e puder gastar fortunas, faça-o. Mas não agrida os médicos e as clínicas porque não acharam os tratamentos satisfatórios. Há maus médicos, mas também há maus pacientes.

163

FRUTOS DE SABEDORIA. Depois dos 70 anos, em muitos batalhadores a doença já se encarregou de fazer grandes estragos. Não é por isso que se vai eliminar o velho abacateiro ou cortá-lo, porque ele ainda produz frutos. Também os anciãos produzem frutos de sabedoria. A pastoral nas Igrejas, voltada para os idosos, e nas comunidades urbanas e rurais são fundamentais para a sociedade não ficar mais doente do que já está. Quem joga os velhos fora, acaba por não saber o que fazer com os novos. Nada preenche o vazio deixado pelos idosos mal aproveitados!

164

DESTRUIR POR AMOR AO NOVO. As cinco enormes árvores seculares à frente da matriz quase foram cortadas pelo voluntarioso prefeito que inventou de modernizar tudo. Quem reagiu foram os jovens. Cercaram as quatro que restaram e juraram que não seriam cortadas. E montaram guarda. As velhas árvores ficaram. Varias gerações namoraram sob aquelas árvores. Os jovens quiseram a mesma experiência. Quem tem avó e avô queridos entende dessas coisas. Os idosos em geral são servos úteis! Suas vidas e suas histórias merecem esta reflexão. Mas aquele prefeito descobriu o que é ser um servo inútil.

165

O VALOR DO IDOSO. Pobre da sociedade que não sabe o que fazer com seus idosos. Pior ainda do pobre idoso que não sabe o que fazer com a idade que tem!

166

A GRAÇA DE ENVELHECER. Por mais defeitos e falhas que o corpo apresente, por mais doenças que tenha, o idoso, se tiver sabedoria, agradecerá a Deus porque viveu por tanto tempo. Com todos os achaques e dores da velhice, entenderá que ainda assim é melhor viver do que estar numa cova. Alguns chegam ao desespero, mas na verdade há toda uma filosofia e uma teologia em torno do envelhecer. A isso se chama a graça de envelhecer. Ore por essa graça, procure-a e descubra: a gente não é inferior porque envelheceu, até porque a velhice é uma forma de chegar longe. Muitos jovens nunca chegarão, porque não souberam como ir!

167

NINGUÉM ESCAPA DA MORTE. Eu espero pela minha. E é bom que você também espere pela sua. Mas não dê prazo. Apenas reflita sobre ela de vez em quando, nem que tenha de esperar os 70 anos para isso. Como eu acredito num depois, vejo a morte como passagem. É um túnel, de preferência iluminado com as luzes da fé. Nenhuma estrada começa num túnel e nenhuma estrada, pelo que sei, acaba no túnel: o túnel é passagem. Depois a estrada continua numa outra paisagem, melhor até, imagino eu.

168

O MÁXIMO OU O POSSÍVEL? "Quando fizerdes tudo o que vos for mandado, dizei: somos servos inúteis, porque fizemos somente o que devíamos fazer" (Lucas 17,10).

169

MÍSTICA DO SERVO INÚTIL. Toda vez que medito sobre a mística do servo inútil, de acordo com a parábola de Jesus (Lc 17,10), incluo a morte nos meus planos. Até porque não adianta não a incluir. Ela virá!

Por isso encaro a morte como um túnel, demorado às vezes, curto às vezes, demorado demais, mas um túnel. Depois dele a vida segue numa outra dimensão. Para mim, depois da morte, a vida que continua terá a dimensão do nunca acabar.

170

NÃO ESTAREI NAQUELE CAIXÃO. Muitas vezes surpreendi a plateia dizendo: "Não vou para a sepultura; não vou para o caixão; não vou para o incinerador. Lá só estará meu corpo, porque na hora em que tiver morrido, já estarei separado do meu corpo e vivendo em outra dimensão. Eu creio que tenho uma alma, além de ter um corpo. Meu corpo vai acabar, mas minha alma não". O povo ria aliviado e alguns repetiam minha frase no dia seguinte. Para muitas famílias e catequistas isso se tornou um refrão!

171

ENSAIO. Esta vida para mim é um ensaio na direção do Deus que quero um dia conhecer de verdade e não apenas imaginar. Procuro aquele cuja face quero ver de verdade, porque ele não tem face humana. É nele que quero viver por toda a eternidade. E espero que ele, na sua misericórdia, me dê a graça de conhecê-lo mais do que o imagino.

172

A GRAÇA DE VIVER COM MEU CRIADOR. Essa é a maior graça de qualquer criatura. E se esta criatura é um filho humano que Deus quis junto dele, terei chegado aonde gostaria de chegar. Ele viu quem fui, o que fiz e, quando me chamar, não sei quando, espero poder conhecê-lo. E acho que você crê e espera a mesma coisa. Acredito nesta coisa de viver, mas acredito também nesta coisa de morrer bem. Viver, todo mundo vive, mas somos chamados a viver como quem sabe que vai morrer e a morrer como quem sabia porque viveu! Não é bonito!? Passem a mensagem para os seus amigos!

173

GRANDE JESUÍTA. A diferença de um pregador para outro é esta: um pode até ter lido muitos livros e ter até uma razoável cultura, mas, pelo modo de falar, você vai perceber que ele não caminhou o suficiente. Há pregadores que não falam como quem viu, ou como quem participou. Aquele que estudou, viu, participou e sabe, tem um tipo de caminhar. A maneira de ele falar vai refletir maior sabedoria. Recomendo a quem ainda não leu que conheça os sermões do Padre Antônio Vieira. São impressionantes aulas sobre como pensar e pregar como Jesus. Eu costumava pedir, como trabalho de curso, que os alunos comentassem estes sermões. Um padre que viveu no século XVII continua cada dia mais substantivo! Até os não crentes aprendem com os seus sermões. Este jesuíta tinha e ainda tem o que dizer!

174

CONCEITOS. É assim com os políticos, é assim com os pais, é assim com os avós, é assim com o conceito de família. O conceito de família dos avós não é o mesmo do neto ou da neta. Eles ainda vão ter a família deles. Quem reivindica o seu lugar no mundo vai buscar suas próprias

Pe. Zezinho, scj

definições. Mas quem transformou a família num ato de doação terá mais chance de acertar.

175

FAMÍLIA É QUESTÃO DE VIVÊNCIA. É um aspecto importante da vida: a vivência. É o caso de perguntar: "Saber, você sabe, mas vive o que sabe?". Por aí segue toda a trajetória de uma vida.

176

O APRENDIZADO DO SERVO ÚTIL NUNCA TERMINA. Percebo que os leigos mais exigentes de todas as Igrejas querem um pregador que diga coisas claras sobre fé, família, amor, justiça, direitos humanos. Do pregador se espera que ajude a pensar, traga novidades e traduza o seu tempo e os evangelhos numa linguagem fácil de compreender, mas ao mesmo tempo densa e sólida, para que o fiel possa mastigar estas informações com calma. Elas devem servir de alimento para a alma. Frases bonitinhas e piedosas, mas sem substância, não alimentam. Lembram as sopas ralas, que têm gosto, mas não sustentam! Existem tais pregadores? Se pesquisar, verá que Antônio Vieira, no século XVII, e o Papa Pio X, nos começos do século XX, disseram que sim! O aprendizado do servo que quer ser útil nunca termina.

177

OS FIÉIS MAIS EXIGENTES esperam que os servos úteis da Palavra citem trechos de teólogos, de pensadores e de documentos da Igreja;

que não deem apenas a própria opinião. "Na minha opinião..." O pregador não deveria dizer isso. Se ele é porta-voz, porque insistir em dar a própria opinião, quando o fiel quer ouvir a opinião de sua Igreja?

178

JESUS ERA SÓLIDO E ERA PROFUNDO e não se eximiu de citar os profetas. Ele tinha densidade e conteúdo, mas ele falava a todos. Na maioria das vezes era suave e misericordioso, mas, quando teve que ser justo e exigente, ele foi. O que há com nós, pregadores, cuja pregação tanto incomoda os fiéis? Será porque pregamos verdades que incomodam, ou porque pregamos o que não traduz o pensamento da nossa Igreja de maneira que faça sentido?

179

ACERTAR O PONTO. Os fiéis nos criticam porque nossa palavra é vazia, inculta, não tem densidade? Ou nossa palavra é culta demais? Fomos chamados a falar três minutos, e falamos trinta? Deveríamos apresentar outro, e nos apresentamos por vinte minutos? Como é nossa palavra? Rala demais? Densa demais? Superficial demais? Não estamos acertando o ponto, como a cozinheira que acerta a mão ao preparar um prato?

180

A DOSE E A PITADA. É exatamente a dose, a pitada, a medida certa de sal ou de açúcar, com os ingredientes no ponto, que faz um quitute ser gostoso. Na verdade, a pregação depende de tempero. Mas, para chegar a isso, temos que ajudar o povo a pensar, e para isso temos que pesquisar. Se lêssemos pelo menos quinze livros por ano, seríamos mais profundos.

181

PREGAR SEM LER. Sei quando um pregador não leu o documento que ele cita. E alguns fiéis mais afeitos a livros também o sabem... Meneiam a cabeça em desaprovação, mas não podem contestar o padre ou diácono no ato da homilia. Errar alguns termos é normal, mas dizer algo que o documento não diz, é abuso. "Não é isso que o papa está dizendo nesta exortação", refletia um professor universitário depois de ler a *Evangelii Gaudium*. O pregador ainda não lera o texto, mas já pregava sobre ele! O professor o lera!

182

ABRIR OS DOCUMENTOS. Isso! Precisamos abrir os documentos e ler. O povo não quer ouvir somente a nossa opinião. É o que percebo, dos que nos ouvem nas missas e nas pregações. O povo tem razão. Eu, às vezes, questiono: você confiaria num médico que não atualiza seus conhecimentos? Apostaria no cardiologista que afirma que Jesus lhe diz o que seu filho tem? Você não espera que seu médico estude para enfrentar as novas patologias de seus pacientes? Pois você tem direito de exigir o mesmo de padre e de pastor e de pregador leigo na nossa Igreja e na dos outros. O povo não deve ter que engolir pregador que não sabe quase nada, mas garante que Jesus está lhe dizendo alguma coisa. Diria mais, se no mínimo não lesse quinze livros por ano. É assim que penso, e sei que é assim que a Igreja pensa.

183

VIVER É QUESTÃO DE ÉTICA. Vive bem quem se preocupa com os outros; quem respeita os mais velhos, as crianças, os carentes, os feridos pela vida; cede lugar a eles no avião, num ônibus, na escadaria; ajuda uma pessoa com dificuldades de atravessar a rua. Isso é um *ethos*, e quem o pratica e o aceita e é mais jovem, sabe que os anciãos ou os mais limitados têm mais direitos.

184

VIVE MAL QUEM DESPREZA O OUTRO. Por conseguinte, mesmo que ele nade em fortuna ou seja lindo, é um desafortunado. *Ethos* é costume. Tentemos aceitar os costumes da religião na qual fomos batizados, os costumes da nossa sociedade e os costumes que durante séculos mantiveram o equilíbrio entre as comunidades, pois, se os quebrarmos, estaremos destruindo valores éticos... E a pessoa ética em primeiro lugar respeita os outros.

185

MUNDO COMPLEXO. Falam os cientistas especializados em biologia e em engenharia genética, falam os filósofos especializados nos porquês da vida, da ciência e da religião, e falam os teólogos especializados na vivência, na crença e nas certezas ditadas pela fé. Nessa história

Pe. Zezinho, scj

toda, o perigo é o pregador esquecer que é um servo útil e inútil a serviço do Evangelho, e simplificar tudo com frases sem pé nem cabeça. Num assunto super, hipercomplexo como o é o da vida e da alma humana, é melhor que o inútil estude um pouco mais do que tem estudado.

186

SUMIDADES... O debate a respeito da vida é científico, é religioso e é político, mas, como em todas as questões apaixonantes, acaba sendo apenas debate político e, nesses casos, quase sempre se resvala para a intolerância. Nem os cientistas são todos sumidades nem os líderes religiosos são todos uns ignorantes.

187

O DEBATE SOBRE A VIDA. A verdade é que nem um nem outro, nem os políticos nem os juízes, sabem o suficiente sobre a vida humana. O congresso e os juízes têm a função de decidir, mas o mistério tem o direito de existir. E a pergunta prosseguirá: em que dia, hora, minuto começa um ser humano? Dos dois lados há paixão. Todos querem opinar, mas o assunto está acima de quem decide!

188

OPINIÕES E TRIGAIS. Quem proíbe, em geral visa a um objetivo, mas muitas vezes esquece os outros objetivos por vezes igualmente justos. Quem proíbe o uso de qualquer droga, vai acabar com todas as farmácias, porque as drogas utilizadas de maneira correta e na dose certa podem até fazer bem. Mas há drogas que realmente matam, desestabilizam e destroem um ser humano. As pessoas radicais têm essa desvantagem: fazem aquilo que Jesus lembrava ser um perigo. Na ânsia de destruírem um mal, destroem junto um bem; na ânsia de arrancarem o joio, arrancam também o trigo. Quem não sabe a diferença entre o joio e o trigo, não tem o direito de opinar sobre o trigal dos outros.

189

OS ANCIÃOS. Que todo cidadão mais jovem se sinta um pouco filho e neto de todos os queridos velhinhos da nossa cidade. Fizeram por merecer. A quase maioria absoluta deles levou vida digna e viveu corretamente a sua cidadania. Nada mais justo que recebam hoje a gratidão de quem veio depois. Orgulhemo-nos de nossos anciãos.

190

HOMENS DE CAPACETE. Disse o Josias com orgulho: "Sou um dos milhares de homens de capacete de São Paulo... trabalho na construção!". De problema social eles entendem muito mais do que nós imaginamos. Fazem parte dos pobres que constroem moradia para os ricos e, depois, como diz a canção popular, só podem ver de fora aquilo que construíram. Pelo jeito isso não chega a lhes fazer falta. É como concluiu o senhor Josias: "Tendo trabalho e saúde, e sobrando um pouco para a poupança e para a educação especial dos meus filhos, está bom demais! A velha e eu nos arranjamos". Josias se sente um servo útil, mesmo que alguns o tratem como cidadão inútil... No banco ele não deposita, só retira.

191

DEIXE O MEU POVO IR. O que Moisés disse ao faraó, a Igreja diz aos pais: "Deixa seu filho ir". Os pais precisam dizer estas palavras. A Igreja lembra a esses pais e não cansa de repetir: "Ensine seu filho e deixe o filho ir. Soltar antes da hora não é bom e prender demais é pior. É sabedoria preparar e é sabedoria maior ainda descobrir quando um filho está pronto para ir. E acreditem: muitíssimos filhos estão prontos, mesmo com todos esses traficantes que os circundam. Pais que não soltam seus filhos e tornam impossível que eles saíam para cuidar da própria vida, tornam-se servos inúteis. Se os filhos são sadios, eles devem ter a chance de ir. O cordão umbilical existe para ser cortado! Filho adulto, sadio, que não sabe viver sozinho, precisa de ajuda.

192

O CONCEITO DE INFERNO. Se houver um inferno depois desta vida – e muitas religiões garantem que há –, os traficantes são os candidatos mais certos para irem para lá, onde quer que seja este lugar. Quem não acredita em céu e duvida do inferno, merece respeito. É coisa de foro íntimo. Mas quem ridiculariza o céu e ri do inferno, enquanto enche uma cabeça jovem de entorpecentes, justifica a crença no inferno aqui e depois desta vida. É maldade demais para alguém achar que não haverá consequências pela droga de vida que ele viveu e criou para os outros.

193

OS FAZEDORES DE INFERNO assumiram uma das profissões mais demoníacas do planeta. Equivale a jogar milhares de bombas numa cidade, só que as bombas explodem milhares de jovens por dentro. Fazem muito mais vítimas do que uma guerra declarada. Se você é jovem e está e lendo o que escrevi, fuja do seu amigo que lhe oferece aquele cigarro e aquela maconha ou aquela pequena dose. A escravidão ainda não acabou. A droga é uma prisão sem cárcere. Tem exatamente o tamanho do drogado.

194

COM LEI OU SEM LEI favorável o debate permanecerá. Os defensores do aborto dirão que se trata de interrupção da gravidez; os defensores do feto dirão que se trata de interrupção de um ser humano. É difícil manter esse debate sem ofensas de parte a parte. Afinal, estamos falando de ventre, de mulheres, de casais e de vidas humanas e, nesses assuntos, haverá sempre o direito natural e o direito adquirido. Se as pessoas dizem que ninguém tem o direito de mandar e interferir na vida do outro, é bom lembrar que o embrião, antes ou depois de catorze dias, também é um outro. Pedaço de muxiba é que não é. E aí, como é que fica?

195

FALEMOS DA SERVIDÃO DOS PAIS. Pais são servidores. Pode ser servidão de cuidador ou servidão de escravo. Depende dos pais! Há um tempo para cada coisa. Quando os pais atropelam o tempo dos filhos, porque acham que o seu tempo de pai e mãe chegou, fica mais do que evidente que estão promovendo a si mesmos à custa do filho que geraram. A propaganda não é do fruto, é da árvore. É como se dissessem ao mundo: "Olhem só o filho que eu gerei!". O atleta, o corredor que ostenta o troféu, na verdade esta ostentando o próprio talento. Pais que ostentam os filhos precisam tomar cuidado para não se ostentar à custa do filho. Parece que foram eles que dançaram ou correram...

196

QUANDO O FILHO SE TORNA TROFÉU, na verdade os pais estão se ostentando. Seu filho é apenas um troféu. Se os pais não entendem, é preciso que entre em cena o juiz e outras autoridades para que protejam essas crianças da sanha de publicidade dos seus pais. Ao invés de serem filhos, viraram coisa linda da mamãe, coisa linda do papai, coisinha fofa da vovó. Mas não tenhamos dúvida, quem está levantando aquele troféu é a família. Quem está querendo aparecer são eles. Há pais que agem como tolos. Na testa deles está escrito: "Eu não cheguei lá, mas olhem só o filho que eu fiz". Alguém deveria escrever naquela casa: "Crianças úteis a serviço da vaidade dos pais".

197

OS PRIMEIROS 50 JOVENS. Dos 50 jovens que faziam parte do bairro onde comecei a formar líderes, pelo menos 40 estão muito bem de vida. Eu me lembro de como brigava com eles e insistia para que estudassem, porque o estudo é o caminho mais seguro para sair da pobreza ou do desconforto material. A grande maioria melhora de vida, quando aumenta os seus conhecimentos. Faz muito bem o pobre que manda seus filhos para a escola, com todos os sacrifícios que isso implica. Faz muito bem o governo que investe cada dia mais na educação. O futuro passa por essas atitudes.

198

PESSOA BEM ADMINISTRADA. Seja qual for o parâmetro, o que sabemos é que coração e mente, inteligência e sentimento precisam estar bem administrados e maduros para que se forme uma pessoa madura. Que os pequenos jovens prodígios saibam que são bons em alguns aspectos do viver e que precisam aprender muito nos outros aspectos! Que saibam dos seus limites, mas, sobretudo, que os pais saibam respeitar os limites dos seus pequenos gênios. Elogiem seus filhos, mas deixem claro que eles não estão com essa bola toda. Humildade educa.

199

É SINAL DE SABEDORIA alguém admitir que não é competente em tudo, sendo genial em algumas coisas, mas circunscrito e limitado em outras. Eis o retrato mais adequado de um ser humano. Fez bem aquele pai que, ao ouvir um elogio a seu filho, respondeu: "Admito que meu filho é um gênio em matemática, mas nas outras coisas é um menino totalmente igual aos outros, e quero que ele permaneça assim. Não seria bom para ele pensar que é pura e simplesmente um gênio, não é?!".

200

AMADURECER NO TEMPO CERTO. Aquele pai acrescentou: "Não o quero ingênuo demais, nem genial demais, nem genioso demais. Quero que ele cresça e amadureça devagar. Quero meu filho bom de livros, bom de bola e bom de amigos".

201

FALAR AO SENTIMENTO. Sempre foi mais fácil falar ao sentimento das pessoas. Sou padre e sei disso. E entendo que um grande número de pregadores jovens escolheu esse caminho. O resultado é mais imediato. Chega-se lá mais depressa. Além do que, uma sólida catequese, com princípio, meio e fim, por ser abrangente, requer mais conteúdo, mais estudo de dogmas, de história da Igreja, de sociologia, de psicologia... Fica mais difícil para o pregador. Expressões e frases bem decoradas surtem mais efeito! Isso, em todas as Igrejas. É fácil subir em um púlpito e repetir as mesmas frases de sempre. O difícil é ler e preparar os sermões da semana. Poucos fazem isso.

202

EPIDEMIA DE FRASES FEITAS. Virou sopa e epidemia de frases feitas a pregação de hoje em dia. Poucos escapam a isso! Os fiéis mais experientes sabem no que o discurso vai dar... Serão noventa lugares-comuns e algumas frases de efeito. Quase nenhuma citação e pouca reflexão. Muitos pregadores repetem mês após mês as mesmas palavras doces e emotivas de sempre.

203

ENCANTAMENTO VERSUS ESTUDO. Aumentou o número de pregadores da linha "ó Jesus" e diminui os da linha "é Jesus". Nossa Igreja está cada dia mais com o "ó" do encantamento e cada dia menos com o "é" do estudo e do planejamento...

204

ORE QUE OS PROBLEMAS PASSARÃO. Tenho para mim que quem não enfrenta os problemas do nosso tempo, dando a eles o nome que deve dar, oferecendo respostas de fé, mais cedo ou mais tarde vai descobrir que sua paróquia ficou com o coração, mas o demônio ficou com a cabeça dos fiéis. Oram como católicos, mas não pensam como católicos. Assino embaixo no que digo. Os piedosos sacerdotes que mandam "orar que passa" agem como o médico que manda o enfermo ler a bula, mas não explica como usar o remédio. Não basta recitar a bula. Está claro na Bíblia que eles usam que só orar não passa. Jesus orou para o cálice passar e não passou. Então há de ter outras repostas para a dor humana. É nessas respostas que pode estar a chave das vocações de amanhã. A era do sentimento exacerbado e do *chantilly* do bolo vai passar. Depois vai voltar a era do pensamento substantivo. E quem apenas sentir como católico, não vai entender o novo século, se não pensar como católico.

205

É PRECISO PENSAR. A Igreja ensina a pensar através de seus documentos, mas a maioria dos novos pregadores preferiu o sentimento, em prejuízo do ensinamento. Nem sequer citam os documentos da Igreja. Preferem os do seu movimento e do seu grupo de oração. Que me desmintam os que puderem. Estou vendo e ouvindo programas de rádio e de televisão noite adentro.

206

DEVOCIONISTAS. Os padres devocionistas estão apenas ensinando a orar e pondo pomadas nas dores dos fiéis. Doutrina, catequese, projeto de fé não há. Pregam como beija-flores. Um dia isso, outro dia aquilo, mas a escola da fé acabou. Imagine um engenheiro ou um médico formado dessa maneira... Há que haver conteúdo bíblico e teológico. Alguns seminários estão falhando. Estão formando iluministas, ao invés de pregadores da fé católica.

207

PENSAR E SENTIR. No momento, por exemplo, estou lendo *História de Deus*, de Karen Armstrong, e *O dogma que liberta*, de Juan Luís Segundo. São análises de gente mais tarimbada. Além disso, o fundador de minha Congregação, Leão Dehon, cuja biografia popularizei há muitos anos (*O profeta do verbo ir*), queria uma pregação que fizesse pensar e sentir. Entrou de cheio na catequese dos jovens, das famílias e na orientação do trabalhador quanto aos seus direitos e deveres. Ao mergulhar de cheio nos sindicatos patronais e operários, foi lá fazer pensar e agir na política. Pregou a devoção e a oração com grande insistência, mas com igual insistência pregou políticas mais justas e explicou ao trabalhador o que era ser cristão e mudar seu povo.

208

IDEIAS E IDEAIS. Diferentemente de alguns pietistas e iluministas de agora, e daquele tempo, Leão Dehon foi um místico profundamente comprometido com ideias. Não pregou só oração; pregou catequese,

Manual do servo inútil

doutrina social. Juntou a seus fervores e suas jaculatórias, uma palavra forte sobre a usura do seu tempo, sobre os juros altos, sobre salários de fome, sobre as condições de trabalho de homens e mulheres, sobre os deveres dos patrões e dos trabalhadores. Não teve medo de falar de política, nem achava que ela tirava a espiritualidade do padre.

209

A DOR DO POVO. A Europa inteira do fim do século XIX fervia. A Igreja não podia ficar alheia. Religião também se ocupa do social e do político. Leão Dehon investiu nesta catequese. Teimosamente alguns padres nunca divulgaram esse discurso. Era mais cômodo falar de anjos e de santos e de visões e revelações. Dehon nunca as desprezou, mas as visões do sofrimento humano e das injustiças também povoavam sua mente. Parecia um aristocrata, mas só parecia. Queria mudar a cabeça do seu povo. Os pietistas, porém, nunca saíram do púlpito. Não lhes agradava uma espiritualidade que mergulhasse no social. Achavam que isso afastava o povo da fé. Isso está acontecendo de novo. Há padres que sistematicamente evitam falar de temas sociais ou políticos no rádio. Vá lá que não falem apenas da dor do povo na missa, mas nunca?...

210

ESTÁ FALTANDO UM PENSAMENTO para muitos púlpitos de hoje? Da parte da Igreja oficial, não! Mas, sim, da parte de movimentos de espiritualidade que preferem acentuar só o espiritual, como se o social fosse pecado. Porque há 20 ou 10 anos alguém foi longe demais, agora nem sequer entram no assunto. Então, oferecem o mingau de sempre, por nunca entenderem que um dia o povo, como diz São Paulo, vai

Pe. Zezinho, scj

querer coisa mais sólida. Quando quiser e não achar, vai se divorciar de vez da Igreja.

211

FALO DA RCC – Renovação Carismática Católica. É muito boa como experiência e como projeto. Mas há outras renovações carismáticas no mundo. E dentro da própria graça católica, há outras renovações carismáticas em curso. Ordens e congregações estão renovando seus carismas movidas pelo mesmo Espírito. A atitude de Bento XVI, ao abrir espaço para outro papa, foi renovação do papado. E também foi um gesto carismático. O problema de alguns católicos é pensar que só eles se renovam ou que só eles renovam a Igreja. No meio desses católicos, esta catequese tem que ser mudada. A RCC é uma das renovações da Igreja Católica. Uma delas, e não a única!

212

RENOVAÇÃO. O que tenho lido da parte da cúpula e o que tenho ouvido de muitos padres da RCC me convenceu de que o Espírito Santo os está conduzindo para um projeto de pensamento social e político. Tenho dado muitos shows em favor das obras sociais da RCC. Eles ajudam muito os pobres. Eles buscam renovação em todos os aspectos.

213

FALAR DE POLÍTICA NÃO É FALTA DE ESPIRITUALIDADE. Falo também de muitos leigos e padres da RCC que, mesmo sabendo o que a RCC pensa, se retraíram e não falam de pobreza e riqueza, de direitos humanos e de mudanças políticas. Deveriam fazer um curso de doutrina social da Igreja. É um problema pessoal. Ainda acham que falar de política é falta de espiritualidade. Esqueceram os mais de 400 santos que militaram na vida pública e na política e que a Igreja canonizou, como exemplos de martírio, de amor pelos pobres e de fidelidade à Igreja. Thomas Morus foi um deles. O Bispo São João Crisóstomo foi outro. E assim por diante... Santo Ambrósio foi prefeito de Milão. Já falamos disso!

214

DE CERTA FORMA, ERAM SANTOS DO BARULHO. Agiram e falaram. Mudaram para serem féis e enfrentaram reis e rainhas. Pediram mudanças sociais e políticas para seu povo, para que este fosse fiel a Jesus Cristo. Só não vê o elemento político que há na Bíblia, quem não quer. Se tais pregadores querem ser fiéis a Jesus, a quem tanto amam e oram, vão ter que, além de orar e falar de anjos e milagres, falar de políticas justas, que não machuquem mais nosso povo. Ou isso, ou tiremos São João Batista e uns 400 santos de nosso calendário litúrgico. Eles fizeram política e nem por isso deixaram de ser santos.

215

TINHAS UM PROPÓSITO AO NOS CRIAR. Sempre tens um propósito! Não fazes nada por acaso! Fomos criados por ti e tu nos deste uma missão hoje, aqui, agora, num mundo que agoniza aos poucos, porque não paramos de matar, de devastar e de poluir. Levados pela ganância de uns e pela inconsciência de outros, devemos e queremos ser teus instrumentos. Defenderemos a vida onde quer que alguém a esteja

Pe. Zezinho, scj

ameaçando! Fomos batizados em água e queremos um mundo vivo e limpo. Batiza-nos de novo, Senhor, nas tuas águas eternas!

216

O PODER E A REALEZA DE DEUS. A Bíblia celebra a todo o instante o poder de Deus e, por conseguinte, a realeza de Deus. Naquele tempo os reis eram também os senhores do povo. Não existia democracia. Nem mesmo entre os gregos havia a democracia representativa. O povo não votava. Israel viveu esta certeza de que só há um Deus e só Deus é Senhor. Dos 73 livros da Bíblia que os católicos aceitam, praticamente uns três ou quatro não utilizam esta expressão. Estava claro para Israel quem era o dono do mundo e dos povos. Ficou claro para os seguidores de Jesus que também ele era Senhor, pois tudo lhe fora confiado.

"Mas Jesus respondeu, e disse-lhes: 'Na verdade, na verdade vos digo que o Filho por si mesmo não pode fazer coisa alguma, se o não vir fazer o Pai; porque tudo quanto ele faz, o Filho o faz igualmente'" (Jo 5,19).

217

MAIS DO QUE UM PROFETA. A consciência de que Jesus é mais do que um simples profeta, mais do que um servo útil, porque é Filho e, mais do que isso, é "O" Filho de Deus, o primeiro dos filhos, e que por causa dele todos somos filhos, faz o cristão se dirigir a Jesus, chamando-o de Nosso Senhor Jesus Cristo.

218

O PRIMEIRO E O ÚLTIMO. Isso não nos dá o direito de pisar nos direitos de nenhum povo, nenhuma raça, nenhuma religião, nenhuma pessoa, porque o próprio Jesus deixa claro que seu reino é diferente: "Quem quiser ser o primeiro seja o último e o servidor de todos" (Mc 9,35). Crer que Jesus é Senhor implica servir mais. Por isso os triunfalistas, os que querem ver o mundo inteiro adorando a Jesus, às vezes passam do limite. Jesus mesmo disse que tinha outras ovelhas que ele queria congregar na sua grei. O triste é que milhares de pregadores de todas as Igrejas concluem que as ovelhas que Deus quer trazer para si seriam conduzidas diretamente para as suas Igrejas. Não entendem nem querem saber de diálogo ecumênico. "Ainda tenho outras ovelhas que não são deste aprisco; também me convém agregar estas, e elas ouvirão a minha voz, e haverá um rebanho e um Pastor" (Jo 10,16).

219

PRESUNÇÃO. Quando se proclamam filhos e insistem em lembrar aos outros que, por não terem aceito Jesus, são apenas criaturas, esquecem o Jesus misericordioso e de coração aberto que jamais diria isso a quem ainda não o conhece. Citam uma frase da Bíblia e ignoram 200 outras. É só prestar atenção no que Jesus disse a respeito do centurião romano, o que disse à samaritana e à mulher da Cananeia. Ele nunca se sentiu acima de ninguém, embora pudesse tê-lo feito. São Paulo lembra isso em Filipenses 2,2-11. Não foi Jesus que se exaltou, foi Deus que o exaltou. E quem se exalta, segundo o mesmo Jesus, acaba humilhado (Mt 23,12). Proclamemos que Jesus é o Senhor, mas evitemos linguagens triunfalistas. Não somos melhores do que os outros só porque encontramos Jesus. Ele não quer esse tipo de seguidores.

220

VAIDADE NA PRAÇA. Testemunhar Jesus em público e nas praças é uma coisa, já gritar nas ruas e nas praças aos que passam que eles estão nas trevas, é coisa de doido e não de crente em Jesus. Os que nas praças públicas, de megafone em punho, gritam aos que passam que eles são pecadores e criaturas e que só se salvarão se aderirem a eles, os verdadeiros intérpretes da verdade, estão tragicamente equivocados. Estão servindo ao Senhor certo, mas de maneira errada. Jesus não age desse jeito.

221

SERVOS INUTILIZADORES. "No dia de hoje eu chamo o céu e a terra como testemunhas contra vós, de que eu pus diante de vós a vida e a morte, a bênção e a maldição. Escolham, portanto, a vida se vocês e seus filhos querem viver..." (Dt 30,19). Um olhar pela história nos mostra o quanto o ser humano precisa desse conselho. Gasta-se infinitamente mais para matar a vida do que para salvá-la. É mais fácil estraçalhar e esmagar do que operar e recuperar. Nunca é demais insistir nesta catequese. Os *black blocs* da vida sempre quebraram o que não conseguiam entender. Ontem eram iconoclastas, hoje são pichadores e *black blocs*. É mais fácil destruir do que construir uma nova sociedade. O século XX e este começo de século conheceram os servos inúteis e destruidores. Jogaram bombas, derrubaram altíssimos edifícios, construíram gigantescos muros de separação, picharam tudo o que podiam, mataram a quem viam pela frente, sequestraram, queimaram trens e milhares de ônibus. A fúria estava solta. Mas nenhum deles era servo útil. Eram servos inutilizadores.

222

PEQUENAS IMAGENS. Gosto de colocar doutrina católica nas letras das canções que escrevo. Procuro explicitar sempre alguma doutrina no que canto, porque muita gente não lê nem estuda, mas canta. Quero que elas cantem o depósito e o conteúdo da fé. Achei, portanto, que devia explicar, através do canto, o que se passa em Aparecida, onde vou frequentemente. O leitor pode perceber que é uma canção de cunho descritivo, mas também uma proposta de fé mariana serena e sem exageros. Maria nunca apareceu em Aparecida. Trata-se de uma imagem encontrada. Uma pequena e tosca imagem enegrecida pela ação do tempo e da lama, tirada em duas partes daquelas águas. Num tempo em que havia escravidão e separação cruel entre pessoas, foi providencial o encontro dessa imagem enegrecida e separada em duas, porque jogada no lixo de um rio. Restaurada, voltou à unidade e à integridade. A devoção do povo cresceu e então a fé deste povo registrou muitos fatos sobrenaturais. Mas o mais bonito em Aparecida é a ideia de restauração, reintegração, penitência e a oração do povo. Os maiores milagres acontecem no confessionário. Nós, padres, sabemos disso. Aparecida é lugar de restauração e de conversão.

223

OS CRISTÃOS CELEBRAM ESTE DOGMA. Faz parte da cristologia a doutrina da maternidade divina de Maria. Ela não foi mãe apenas de um ser humano. Não havia duas pessoas em Jesus. Portanto, ela foi mãe da pessoa a quem proclamamos Filho de Deus. Então, ela foi mãe do Filho de Deus. Se dizemos que Jesus é divino, então Maria foi mãe de um ser divino. Não admira que ela guardava o que ouviu no coração.

Nem mesmo para ela foi fácil entender tudo o que se passou. Meditou a vida inteira sobre seu Filho e seu papel na vida dele. E estava lá tentando entender a cruz. Seu coração bateu o tempo todo ao lado do coração de Jesus.

224

"MARIA CUIDADORA, SERVIDORA E MÃE". Uso estas frases há mais de 30 anos: "Quem está perto de Maria nunca está longe de Jesus". Já a vi disseminada em para-choques de caminhão, portões e grutas. Não importa se não dizem que nasceu de uma canção e de um artigo que escrevi há muitos anos. Nem poderiam dizer, porque decidi não gravá-la, até que achasse oportuno. Mas uso-a no rádio e na televisão com grande frequência. Ficaria feliz se a visse escrita debaixo de todas as imagens de Maria. Ajudaria a entender o quanto Maria está estreitamente ligada ao mistério de Cristo.

225

DOURADORES DE PÍLULA. O marketing é um jeito de dourar a pílula: conta tudo do jeito que interessa ao vendedor ou a quem está se vendendo. Não diz toda a verdade e, às vezes, mente desabrida e desavergonhadamente para vender um produto. Ignora o produto melhor ou até diminui o outro. Há um marketing honesto e um desonesto: uma coisa é dizer que um produto é bom e que você estará bem servido, se o comprar; outra coisa é dizer que é o melhor e o único, se o produto sobre o qual se mente for alimento, roupa ou carros. Isso já é ruim... Imagine então se o produto sobre qual se mente ou pelo qual se mente for religião. Nenhuma religião deveria proclamar-se a melhor, a maior e a mais eleita. Bastaria que se proclamasse boa.

226

COMPORTAMENTO DE MANADA. Embora racionais, muitas vezes temos comportamentos de manada, ainda que sejamos brancos, negros, pardos ou cheios de pintas. É claro que não somos como bois, mas, sendo animais, alguma coisa temos em comum. E em comum temos as necessidades básicas, que precisam ser satisfeitas. Se um boi morre de fome no pasto, enquanto todos os outros têm o que comer, alguma coisa de errado aconteceu com ele ou com o tratador, que não percebeu os limites daquele boi. Se há um humano por perto e se ele tem capacidade de ajudar, o animal é de sua responsabilidade. Tigres às vezes não sabem o que fazer com um espinho cravado nas suas patas.

227

24 HORAS POR DIA. Em algumas emissoras omite-se a doutrina dos católicos. Apresentam-se a piedade e a devoção dos católicos como única doutrina; tornaram-se excessivamente devocionais. Poderiam ser emissoras também relacionais, catequéticas, jornalísticas. Poderiam ser emissoras com uma programação de aproximação, de cidadania, com a presença de psicólogos, pedagogos, médicos, advogados católicos. E poderiam escolher músicas que ajudassem a refletir a fé, com canções que explicassem alguns aspectos sociais da vida. Mas os programadores e apresentadores raramente usam livros e canções que educam o povo. Insistem em canções de louvor 24 horas por dia.

228

OPÇÃO PELO MARKETING. Tenho mais de 60 canções que as pessoas cantam de cor e mais de 120 canções espalhadas no mundo inteiro. Tenho mais de 80 livros, dos quais 25 chegaram a milhares de pessoas e foram traduzidos em diversos países. Então não vejo necessidade de maior marketing, porque as minhas obras, em sua maioria, fizeram caminhos por si mesmas. Eu tive esta chance. Entendo os que fazem caminho através do marketing. Acredito em fazer coisas boas e benfeitas, o resto fica nas mãos de Deus e do povo. Mas se tenho canções durando 40 anos, então é porque com ou sem marketing já chegaram lá. Mas também há bons escritores e compositores que fizeram caminho via marketing e se deram bem. Cada um caminha como acha que deve.

229

MARKETING A SERVIÇO DE QUÊ? O marketing moderno pode ser caminho de servo útil ou inútil. Depende das verdades ou mentiras das quais se utiliza!

230

EXPLODIR NA MÍDIA. Eu nunca explodi na mídia. Compreendo os que explodiram e os que buscaram até que conseguiram acontecer entre as antenas. Escolheram isso ou aceitaram a chance que lhes foi oferecida, de serem dados em espetáculo ao povo. A expressão é de São Paulo e a conotação era de martírio: "Porque tenho para mim, que Deus a nós, apóstolos, nos pôs por últimos, como condenados à morte; pois somos feitos espetáculo ao mundo, aos anjos, e aos homens" (1Cor 4,9). Se não houver mais nenhuma canção que marque o povo, se as emissoras de rádio deixarem de tocar, se os hospitais, creches, escolas e asilos e paróquias não mais quiserem minhas mensagens, vou aceitar este fato. Ninguém dura para sempre. Cinquenta anos na mídia não é pouco. Sou grato a Deus pela chance de ter estado nesses púlpitos que algum sacerdote me emprestou. Não me tornei padre para explodir na mídia. Tornei-me padre para evangelizar a poucos ou a muitos, tanto faz o número, contanto que tenha tentado evangelizar bem.

231

APENAS UM GOMO. Quem prega apenas o seu movimento, o seu grupo, o seu jeito de orar, está pregando apenas uma parte da catequese. Em outras palavras, está entregando apenas um gomo da laranja. A laranja é bem maior.

232

ONIPRESENTES. Pregadores onipresentes correm sempre o risco de se tornarem pregadores açambarcantes.

233

PRESENÇA NA MÍDIA TEM LIMITE. Quem está demais no vídeo ou na televisão ou no rádio, pode ser que esteja ocupando o lugar de alguém tão competente quanto ele, mas que não teve a mesma chance. Marketing não é a mesma coisa que talento. Perguntem aos cantores e músicos que não acontecem, apesar do seu enorme talento.

234

DEMOCRACIA DESEJÁVEL. Talvez o Brasil ainda não esteja preparado para a democracia que deseja. É notório que muitos cidadãos não escolhem o seu candidato; arriscam como se fosse loteria. Não pensam nem sequer um dia antes em quem votarão. Mas também é verdade que melhorou muito a capacidade de eleger entre o povo. Pessoas simples estão escolhendo melhor. Comunidades orientam, Igrejas orientam e grupos de serviço orientam. Não se trata de dizer em quem o cidadão votará, mas como votará, e depois de buscar suficiente informação. Mas vai levar tempo...

235

VOTO SOBERANO. O voto é soberano, mas muitas vezes é voto de cabresto. Antigamente quem mandava era o coronel ou o maioral da cidade ou da fazenda. Hoje são os pregadores da fé que indicam quem deve ser escolhido pela sua assembleia... Tudo em nome da Bíblia! Falta ainda muito para que possamos dizer que o voto da maioria é exercício de cidadania, mas já podemos dizer que o voto de um expressivo grupo é sim exercício de cidadania. Ao menos alguns grupos estão votando melhor. Vai melhorar? Sem dúvida que vai! Ainda se encontram bolsões de voto inconsciente e imaturo e imediatista? Sim, é verdade! Quem pode contribuir para essas mudanças? Principalmente as Igrejas, que atingem 90% da população brasileira, a mídia, que através de jornais, revistas e televisão, atingem seguramente 80%, e a escola, que pode e deve ajudar o cidadão a educar-se para escolher. Você que é católico e lê os meus artigos, precisa escolher com consciência, e não votar de qualquer jeito, porque votar de cor, de qualquer jeito, é sempre um voto imperfeito.

236

DIALOGAR NÃO É SÓ APLAUDIR e apoiar o tempo todo. Todo mundo sabe, mas poucos vivem este propósito. Dialogar às vezes inclui a crítica. E isto muita gente não aceita. Já perdi muitos amigos ou admiradores porque elogiei, mas depois pus reparos na sua catequese. Afastaram-se, porque discordei. Aceitaram meus encômios e rejeitaram minha correção fraterna. Dialogar certamente não é criticar o tempo todo. Mas supõe a coragem de dizer as coisas como sentimos e respeitar a resposta dos outros, quando apontam para algum deslize da nossa parte. Isso não é desamor. É sinceridade de quem se crê irmão.

237

PAIS QUE DISCORDAM DOS FILHOS nem por isso deixam de amá-los; irmãos que discordam de irmão nem por isso deixam de amar; filhos que discordam dos pais nem por isso amam menos; religioso que discorda de colega na mesma Igreja ou de irmãos de outra Igreja nem por isso deixa de amar. Temos que saber a diferença entre discordância e discórdia. É necessário para o bem da sociedade que haja aqui e acolá a devida discordância, é necessário que haja muitas concordâncias, mas importante é que não haja discórdias.

238

QUE DEUS POSSA? Expressão costumeira no país inteiro é a palavra "possa". Linguagem imperfeita, repetida à exaustão nos encontros de católicos e de irmãos pentecostais: "Que Jesus possa te curar", "Que Deus possa te ouvir", "Que o Senhor Deus possa nos abençoar neste momento". Está na teologia de todos os cristãos que Deus tem poder. Então, para que orarmos para que ele "possa"? Não é redundância? Teríamos que orar para aquele que tudo pode nos dê a graça de nós também, dentro de nossos limites, podermos realizar aquele acontecimento ou caminhar na direção dele.

239

OPINAR SOBRE FATOS. Cabe ao jornalista mostrar os fatos, ajudar a sociedade a refletir sobre os fatos e, se for o caso, emitir opinião sobre os fatos. Há jornais que se limitam a dar a notícia e há jornais opiniosos. Assim como todo cidadão tem o direito de ter uma opinião, também um jornal tem e até deve levar as pessoas a pensarem do seu jeito, como o fazem os partidos políticos e as religiões. Exigir que o jornalista seja imparcial, de tal maneira que nunca emita opinião própria, é exigir que ele deixe de lado sua cidadania. Não é porque pratica jornalismo que está proibido de dar sua opinião, mas cabe ao leitor concordar ou não. O que o jornalista não pode é usar da mentira e da meia-verdade, pois aí ele começa a faltar como cidadão. Jornalista cristão é servo útil tentando fugir da inutilidade que vem com a mentira ou com o marketing tendencioso.

240

JORNALISTA NÃO É JUIZ. Nenhum jornalista pode arvorar-se em juiz, porque uma coisa é dar opinião, e outra coisa é usar de palavras chulas, duras, pesadas contra alguém de quem ele discorda. Jogar a população contra uma companhia aérea ou uma companhia de ônibus, um partido, uma Igreja, é vilania. Existe um jornalismo agressivo nos meios televisivos e no rádio que recorre a este linguajar dizendo ser porta-voz da indignação do povo. Julga todas as noites, sem ter os fatos, e joga a opinião pública contra a pessoa de que não gosta, ou o partido e a Igreja dos quais discorda.

241

PRESIDENTES E GOVERNADORES NÃO SÃO JUÍZES. Existem leis que nos protegem contra tais jornalistas. Acabam pagando pesadas multas e são até proibidos de exercitar sua profissão, caso se verifique que sua atitude não é democrática e funciona como coquetel molotov. Sendo eu professor de prática e crítica de comunicação, cabe a mim indicar a meus alunos e leitores os valores e os contravalores da mídia que entra na casa deles todos os dias. Quem sou eu? Sou um brasileiro que, mesmo não tendo todo o poder de comunicação desses jornalistas, também opina. Mais, um brasileiro que admira os verdadeiros jornalistas que felizmente o Brasil tem honrosamente e em grande quantidade.

242

NOTÍCIA SENSACIONAL. É fácil saber quem faz sensacionalismo diante das câmeras ou numa rotativa. Prestem atenção nas palavras e

Pe. Zezinho, scj

nas notícias repetidas à exaustão, enquanto não se tem acesso aos detalhes. Dirigem seus veículos para o local da notícia e ficam opinando, sem saber dos fatos, à espera de que apareça o fato que foram procurar. Isto não é jornalismo: é fuxico! Disputam para ver quem deu o furo jornalístico. De tanto procurar o furo jornalístico, praticam um jornalismo cheio de furos!

243

JORNALISMO SÉRIO. O Brasil, com muita honra, tem uma excelente escola de jornalismo. Se os Estados Unidos, Inglaterra, Alemanha, têm as suas escolas, o Brasil desenvolveu a própria, diga-se de passagem, com muita propriedade. Gosto de ler as colunas assinadas por jornalistas, e mesmo que discorde deles, sou obrigado a admirá-los. Da mesma forma que excelentes cozinheiros acrescentam gosto e sabor ao alimento, excelentes jornalistas no Brasil de hoje dão gosto e sabor às notícias.

244

JORNALISTAS TÊM O DIREITO DE OPINAR. O que muitos jornalistas dizem às vezes não é nada agradável, mas dizem-no de maneira madura, democrática, agindo como cidadão que tem opinião e forma opinião. O que seria de um país que não tivesse correntes de opinião e não tivesse formadores de opiniões? Jornalismo não é apenas transmitir notícias, há os que as comentam, além de transmiti-las bem. É a única forma de ajudar o povo a votar e ajudar Igrejas, partidos, ONGs, Departamentos de Estado, universidades, cidadão comum, a repensarem seu papel.

245

ASSASSINADOS PORQUE FALARAM. Matam-se muitos jornalistas, promotores e padres, porque eles têm compromisso com a busca da verdade. Descubram o número de padres, juízes, promotores e jornalistas mortos no exercício de sua missão e saberão porque a notícia pode levar ao martírio.

246

O BOM E O MAU JORNALISMO. Escolas de jornalismo devidamente admiradas e respeitadas, órgãos de imprensa devidamente admirados e respeitados falam do tema liberdade todos os dias. É um tema nada agradável. O mau jornalismo vedetiza a notícia e assume papel de advogado, juiz, algoz e dono da verdade. O bom, sofre as consequências de provar o que diz.

247

POBRES. Como os pobres são maioria no planeta, se não aprendermos a gostar deles, jamais amaremos a Deus acima de tudo e ao próximo como a nós mesmos.

248

SOMOS TODOS IGUAIS. Não basta "fazer coisas" pelos pobres. É preciso no mínimo converter-se à justiça. Converter-se é tratá-los como iguais!

249

A JUSTIÇA DE DEUS. A causa dos pobres é quase sempre a causa da justiça, e a causa da justiça é a causa de Deus. Há pobres insensatos e perigosos, mas os donos do dinheiro e da política, que, em geral, são ricos ou têm uma ideologia, são muito mais perigosos. Eles sabem matar e esconder a mão que atirou o projétil.

250

CARA DE POBRE. Pobre, para ganhar esmola, tem de fazer cara de doente e parecer pobre, senão ninguém acredita!... Em outras palavras: pobre que se preza deve mentir para ser ajudado! Vista uma senhora pobre com roupa bonita, produza seus cabelos, e veja se conseguirá alguma ajuda, numa rua onde ninguém a conhece. Mande uma senhora pobre e malvestida para a mesma rua e verá o resultado! Pobre tem que parecer pobre para ser ajudado.

251

BÊBADOS. Há bêbados que sempre deixam um trago para o santo; mas nem por isso deixam de ser alienados e bêbados.

252

POBRE SEGUNDO O EVANGELHO. Seu Marcelino foi mais do que um homem bom. Foi um homem desligado de dinheiro e de luxo... Era um pobre segundo o Evangelho. Diante do seu caixão Marcelino ganhou mais de 50 votos a seu favor, para atestar que foi um servo útil, embora se proclamasse um servo inútil!

253

DESAPEGADO. Mostre-me um homem que não tem nada, e eu lhe mostrarei um possível pobre. Mostre-me um homem que precisa de muito pouco para viver, e eu lhe mostrarei um possível pobre. Mostre--me um homem que não tem inveja de ninguém, e lhe mostrarei um possível pobre. Mostre-me um homem que nunca explora ninguém, e lhe mostrarei um possível pobre. Mostre-me um homem que não se apega ao dinheiro, não gosta de luxo e não tem nada supérfluo, e lhe mostrarei um possível pobre. Mostre-me, porém, um homem que, além de ter todas estas qualidades, vive para servir aos irmãos, e lhe mostrarei um pobre de verdade e um candidato a santo.

254

POBRES DO MUNDO, UNI-VOS. Sois 85 a 90 contra 15 ou 10. E não vos preocupeis com Marx. Jesus Cristo está 19 séculos à frente dele.

255

MERECIMENTO. O que o rico não suporta no pobre é a ousadia de querer ter aquilo que não merece... O que o pobre não suporta no rico é a ousadia de querer mais do que merece...

256

POBRES E RICOS. A guerra dos pobres contra os ricos será feita desses argumentos: o rico não admitirá empobrecer, e o pobre não admitirá padecer de fome ou abandono. A palavra esmola será uma ofensa, e a palavra justiça será o estopim.

257

VAIDADE. Não querer ter para aparecer é vaidade: o vaidoso parece, mas não é pobre. Não querer ter para servir e amar melhor é pobreza serena.

258

JUSTIFICAR-SE. Na maioria das vezes, quando explicamos o que temos estamos na verdade justificando o nosso excesso.

259

BEZERROS DE OURO. A nossa é uma sociedade de consumo. E é muito difícil viver numa sociedade de consumo sem acumular o supérfluo e o desnecessário. O supérfluo é perigoso... Acaba nos transformando em mentirosos. Fazemos bezerros de ouro e depois nos justificamos alegando que não o adoramos... Mas o bezerro continua conosco. Não adianta caluniar os outros por adorarem bezerros de ouro, se nossas vacas de ouro recebem os louvores disfarçados em dízimos para o Senhor.

260

AO DEUS MOLOCH. Ironia das ironias! Na sociedade de consumo é proibido aos ricos ser como os pobres, e é proibido ao pobre ser pobre. Por isso, os meios de comunicação ensinam a todos que comprar é a solução, porque uma sociedade que não compra não tem alma Ao deus Moloch da riqueza, os ricos se imolam de enfarte, e os pobres se imolam de subnutrição. Tudo isso para que os poucos privilegiados que chegaram ao cume da hierarquia dessa religião de bancos, juros e capital acumulado, continuem cada dia mais satisfeitos. O pobre? Segundo a sociedade de consumo, nasceu para ajudar o rico a enriquecer. E o cristão que ousar dizer estas coisas será acusado de comunista, mesmo que seja totalmente contrário ao comunismo.

261

ARRECADAÇÃO INJUSTA. Pensem nos governos que financiam quem já tem, isentam de impostos os que têm demais e cobram dos pobres o que os pobres já não possuem. Esta sociedade diz que não é comunista, mas por excesso de consumismo é igualmente injusta.

262

FÁBRICAS DE POBRES. Não entendendo o espírito do Evangelho, há governos que literalmente praticam o dito de Jesus: "A quem já tem será acrescentado, a quem não tem até o que não tem será tirado". Há pessoas e há governos que fabricam pobres. É o reinado da injustiça.

263

MILAGRE? Pra mim este é o grande milagre brasileiro: que ainda não tenha corrido mais sangue num país de tanta crueldade social.

264

CÉU E INFERNO. Céu não é sinônimo de prazer e de gozo, e inferno não é sinônimo de sofrimento e de dor. Pelo menos nesta vida. Há pobres que sofrem muito, e sua vida abriga Deus; há ricos que gozam muito, e sua vida é um inferno.

265

NÃO É JUSTO TER DEMAIS. O rico tem deveres para com os pobres: deveres de justiça e de caridade. Não é justo ter demais enquanto os pobres passam necessidade. Todos, mesmo os não ricos, devem socorrer os mais carentes.

266

A VONTADE DE DEUS. Quando vejo viúvas de maridos vivos em meu próprio país, o quarto maior produtor de alimentos do mundo, comendo lagartos ou répteis nojentos, dando farinha e banana para seus filhos o ano todo, comendo uma vez por dia e ainda assim sorrindo para o repórter, dizendo que Deus quis aquilo, compreendo o quanto este país é cruel.

267

INJUSTIÇA DO FISCO. Não se assuste, sou padre católico. Nunca vou apoiar o comunismo ou qualquer socialismo sem liberdade. Mas também nunca apoiarei um capitalismo suicida que cobra 33,9% de impostos sobre remédios, enquanto outros países cobram 0% de impostos para seus pobres e enfermos. Um governo merece oposição acirrada. Não está servindo...

268

O PECADO DO DESPERDÍCIO. Desperdiçamos comida no campo, no transporte, nos restaurantes. Desperdiçamos água em tempo de seca. Temos alimento em excesso e não repartimos. Produzimos toneladas de sobra e exportamos para outros povos. Enquanto isso, milhões de brasileiros passam fome! Eu tenho culpa. Você tem culpa. Todos nós temos culpa. Se aceitamos passivamente esta situação, somos todos uns grandes canalhas!

269

NEOSSELVAGERIA. Não estou com o comunismo, mas isto não significa que esteja com Keynes e outros profetas do neocapitalismo. Também não aceito o selvagem individualismo da sociedade de consumo, não aceito a exploração de grupos sobre grupos, nem admito a indiferença assassina de quem tem tudo, e, no máximo, dá aos pobres as migalhas que os cães não comeriam.

270

GRITANTE INCOERÊNCIA. As incoerências dos pobres existem, mas quase sempre custam menos do que as incoerências dos ricos. Não foram os pobres que votaram para a construção dos dez estádios da FIFA. Foram políticos que pediram a FIFA no Brasil e prometeram gastar bilhões para fazer bonito. O povo não foi consultado nem votou. A incoerência não é dos pobres. Os pobres escolheriam moradias, hospitais e escolas melhores.

271

TER E QUERER. Não ter e não querer ter; não ter e querer ter são atitudes diferentes. Quem quer ter mais, precisa cuidar mais do seu passivo e o seu ativo. Querer ter e por isso decidir dever, pode tornar um pobre mais pobre do que já é. Os bancos sabem disso! Gerentes de banco têm almas, mas bancos não têm coração: têm números!

272

O PERIGO DO SUPÉRFLUO é tão grande quanto o perigo da carência. Os dois levam ao perigo da ganância, da inveja e da violência. Quem ostenta riquezas, acaba gastando quase o dobro do que construiu para proteger o que fez. E nem sempre com sucesso. Rico sem alma está na mesma fila do pobre sem alma. E pode se machucar, se não houver diálogo.

273

"O JUSTO E O NECESSÁRIO" é uma das pregações da Igreja Católica. Vale para os ricos e para os pobres. A ninguém falte o justo necessário e a ninguém seja negado o lucro justo, para que possa dar mais empregos e tocar os negócios. Pobres e ricos têm direito a ter mais do que já têm, desde que todos tenham o justo necessário. Na minha casa, eram meus irmãos maiores que trabalhavam, mas tinham mais necessidades e, por conseguinte, direito a ter mais do que eu. Eu era menino e não precisava de tanta comida nem de tanta roupa quanto minhas irmãs e meus irmãos. Não éramos um regime capitalista. Éramos um regime familiar. A nosso modo também éramos servos úteis, mas sabíamos que não éramos úteis em tudo. Tínhamos a nossa porção de servos inúteis.

274

IDOLATRIA DO DINHEIRO. O sujeito que caiu na idolatria da riqueza perdeu o sentido da vida. Uma coisa é ter riquezas e saber administrá-las gerando riquezas, sustento ou bens para os outros. Outra é acumular. Neste caso, sua riqueza só aproveita a si mesmo. Não faz questão de ser quem é, mas adora ter o que tem! Guarda 95% para si e, para não dizer que não fez algum bem, distribui 5% para os pobres com muita dor no coração e ainda pede ressarcimento do governo.

275

A INFÂNCIA É UMA TRAVESSIA. Não se pode ficar criança a vida toda. Também a juventude, a idade adulta, a velhice são travessias, assim como a dor e o prazer... Esta vida é travessia. O amor, este não é travessia. É passagem longa e permanente do humano para o divino. As travessias nesse campo são todas mais ou menos curtas: namoro e amizade. Mas casamento é para ser passagem muito mais longa. É mais que o encantamento do namoro ou o túnel da morte. Porque o amor é

Pe. Zezinho, scj

mais que uma pequena travessia. É páscoa. Precisa durar mais do que momentos ou anos.

276

AMOR É MUITO MAIS. É mais que paixão. É mais que experiência que se troca por outra. Amor é mais que travessia momentânea ou de alguns anos. É passagem que envolve uma vida inteira, com estágios. Mas é um passar permanente do finito para o infinito, até que aconteça o túnel da morte. Estrada longa, cheia de retas, curvas e desafios, o amor é, porém, a única estrada que chega lá. O resto não leva à felicidade nem ao depois eterno em Deus. Cedo ou tarde, precisamos encontrar a única passagem que faz a vida plena e realizada: o amor, seja ele vivido na dor, na saudade, no perdão ou na alegria.

277

LIGAR-SE. Que os jovens se liguem. É a vocação de todos os seres humanos. Sem ligações ninguém vive. Mas cuidado com as ligações imaturas e apressadas. A conta costuma ser pesada. Só aceitem ligações a cobrar quando sentirem que do lado de lá existe alguém que não exagera e não é possessivo. Busquem alguém que, agora, cobre apenas o normal e o sensato.

278

CIÚME DOENTIO É UMA DESGRAÇA. Quem o acha bonito, vê beleza na doença terminal. Porque ciúme é doença que mata lentamente o amor. Fujam dele, porque jamais fez alguém feliz. Não volte a namorar uma pessoa que já mostrou que não controla seu ciúme. Tal pessoa voltará a ser dominadora mais cedo ou mais tarde. Gente ciumenta vive de cadeado e chave na mão. Em geral, para fechar novas portas. Não as abrem nunca. E essas pessoas não merecem outra coisa senão a solidão e o vazio. Que aprendam da vida, peçam perdão, procurem ajuda e se corrijam. Só promessas não resolvem. É questão de divã e tratamento.

279

SEXO QUE AMADURECE. O sexo é um tipo de prazer que amadurece. Há pessoas que fazem uso dele de modo certo, em momentos certos, com a pessoa certa, porque têm consciência de que o limite faz parte da vida humana. Isso a Igreja até incentiva. Orienta no sentido de saber qual é o modo certo, o momento certo e a pessoa certa, para se agir dessa forma. As normas existem e cabe ao fiel aceitá-las. Para a Igreja, o prazer sexual, que é santo e bom, pode se transformar em experiência negativa quando o indivíduo não se controla e se submete ao vício do prazer pelo prazer. Sabe que está viciado em sexo, mas não consegue ficar sem ele e pressiona de todos os modos a outra pessoa para que lhe dê este prazer. Assim, assemelha-se ao ébrio que pressiona os outros a beber com ele ou a dar-lhe a bebida, às vezes em situações grotescas, para não dizer chocantes.

280

O SEXO É O NOVO BEZERRO DE OURO. Cristão tem consciência de que um prazer é válido e bom à luz do Evangelho, quando conhece suas consequências em si e nos outros, e controla-se ao fazer uso dele.

Excessos levam a maus hábitos e a grandes desequilíbrios. Por isso, as palavras "bastante e suficiente" e a expressão "de modo correto" são importantes na vida cristã. Tão importantes quanto a dose certa de remédio na farmácia ou no hospital. Pouca gente discorda que limites existem e devem ser respeitados, mas descobri-los pode significar a diferença entre saúde e enfermidade. Isto vale tanto para a saúde do corpo quanto para a da alma.

281

SABER DIZER NÃO. Se a pessoa não é capaz de impor-se um limite, dizendo "não" a si mesma, então não é alguém espiritualmente sadio. Pedir ajuda, mais que um gesto humilde, é também inteligente. A moral da Igreja supõe isso. Porque prazer é alegria, mas só quando é algo saudável. Proibir-se tudo é doentio. Permitir-se tudo também!

282

A PALAVRA ALCOÓLATRA é forte e cruel. Ela aponta para a idolatria do álcool. E ninguém gosta de admitir que tem esse problema. Contudo, a dependência excessiva de um determinado alimento ou bebida revela desequilíbrio, que nunca é apenas físico. É também espiritual. Por isso, para aqueles que começam a beber "apenas" socialmente, lembro o conselho de um velho educador: "Acostume-se a não passar dos limites no falar, no beber e no comer. Ajuda a equilibrar a vida". Quem sempre arranja um motivo para beber mais uma dose é dependente, mas não admite.

283

FRUTOS DOENTES. Não sou modelo de vida para ninguém, mas sinto ternura e preocupação pelas pessoas que bebem demais. São árvores majestosas, mas seus frutos são cada dia menos sadios. O cerne adoeceu!

284

MENINOS E MENINAS CARENTES. A maior creche, o maior orfanato do Brasil, está na rua. Meninos e meninas carentes, sem lar, sem um dos pais ou sem os dois, sem dinheiro, sem abrigo, sem afeto, sem escolha e sem comida, sobrevivem na marginalidade a que o país, e também nós, os relegamos. Não são seus filhos, mas, porque são crianças brasileiras, são nossas crianças. E elas não precisam apenas de benfeitores. Precisam de genitores! Quando os genitores falham, precisam de novos pais. Precisam de adultos que, mais do que dar presentes, se façam presentes.

285

ADOÇÃO? Você teria coração para adotar uma dessas crianças? Você teria forças para, mais do que um simples benfeitor, transformar-se em pai adotivo daqueles que precisam de pai ou de mãe? Você acha que pode fazer mais do que dar dinheiro? Se nossos menores carentes são de fato mais de 40 milhões, então o país está precisando desesperadamente de pais adotivos. Uma ponte não é uma família. Um muro não é uma família. Um beco, um matagal, uma casa abandonada, não são uma família. Eles precisam de gente e de aconchego.

286

AMAR DEMAIS. Acontece que as flores amam o sol e a chuva, mas sol demais e chuva demais sufocam as flores. Dá-se o mesmo com relação ao amor. Amar demais é amar errado. Fazer-se presente demais é, sem dúvida, uma prova de amor, mas uma prova errada de amor. Ninguém suporta ser amado demais. Somos todos como o bebê que se irrita quando ganha abraço e beijo em excesso.

287

AMAR E CALAR-SE. É por isso que, às vezes, a melhor maneira de provar que amamos é ficar quietos, tomar distância e descobrir que estamos passando da conta, sufocando. E não basta descobrir. É preciso ter forças para agir. Às vezes, a gente quer bem de tal maneira, que acaba tomando conta do espaço interior do outro. Pais fazem isso, mães sufocam, namorados sufocam, amigos sufocam.

288

AMAR DE VERDADE. E felizes de nós se alguém a quem amamos de verdade nos amar também de verdade, a ponto de, na hora da saudade, do desabafo, do segredo lindo, do erro que dói e machuca, escutarmos dele ou dela esta frase que enche a alma: "não repartiria isso senão com você, de você não escondo nada; ontem precisei do seu ouvido...". Amigos de verdade acertam suas distâncias. Quem ocupa espaço demais é carente demais. E quem é carente demais não ama direito.

289

SOMOS REEDUCÁVEIS. Felizmente somos seres reeducáveis. Nunca é tarde para aprender. Nem longe demais, a ponto de machucarmos com nossa indiferença, nem perto demais, a ponto de lhes tirarmos o direito de escolha. As distâncias do amor, desde que justas e suaves, é que tornam o amor bonito e cheio de perspectivas. Amor demais quase sempre é amor errado. É o mesmo que remédio certo na dose errada. E quem disse que a medida do amor é amar sem medidas disse apenas um lado da verdade. Posso sentir um amor inesgotável por alguém, mas se meu jeito de mostrar esse amor incomoda, preciso achar a medida. E isso só se aprende rezando e dialogando. Que o jardineiro não sufoque suas flores...

290

RELACIONAR-SE. Da raiz "re", que lembra "repetição e continuidade", e da raiz "laços" vem a palavra relacionar-se: ir fazendo laços. Parentes, namorados, amigos, casais vivem de reatar, refazer, estreitar e enlaçar. Por isso chamam a seus encontros de relacionamentos. De laço em laço, de relação em relação é que se cresce.

291

RELAÇÕES. Relações de trabalho, de amizade, de família, de grupo, relações amorosas, afetivas, sexuais, apontam para a mesma raiz: repetir os laços. Em não havendo uma atitude, e em não se querendo laços, então não é relação: é trombada, encontro, experiência passageira. Por isso, encontro sexual é uma coisa, relações sexuais, outra, relação de amizade uma coisa, relações de amizade, outra. Uma boa religião incentiva os fiéis a atarem mais laços.

292

LAÇOS E NÃO NÓS. Ao contrário dos laços que escravizam, há laços que libertam. Os laços de família, de amizade, ou de fé podem libertar, desde que levados a sério. Não se podem transformar nunca em nó cego. Têm de ser inteligentes, a ponto de, se for preciso, poderem ser afrouxados ou apertados, mas sempre por escolha pessoal e nunca porque já que está feito, fica como está.

293

ENLAÇAR. Um bom casamento é feito de laços que poderiam até ser desfeitos, mas não o são porque os dois os querem. Não há infelicidade porque não é um nó górdio e muito menos um nó cego. É laço. São laços inteligentemente feitos por ambos. Nossos laços com Deus não devem ser diferentes. Não ficamos com ele porque temos de ficar, e sim porque queremos. Nem ele nos obriga a gostar dele. Simplesmente nos dá a chave. Entramos ou saímos deste relacionamento por escolha própria. Mostra-nos a seu modo a ponta do laço. Se o quisermos desfazer, é só puxar a ponta que se desfaz. Porque uma é a ponta que o estreita, outra a que o desfaz. Ele não desfaz nunca. Mas nós podemos deixar de orar e esquecê-lo.

294

NÃO DEPENDE SÓ DE NÓS. Por mais que desejemos fazer alguém feliz, isso não depende só de nós. Ou as pessoas mesmas um dia fazem as contas com a vida e se declaram satisfeitas e felizes, ou passaremos a vida toda fazendo coisas por elas na esperança de que sorriam, pulem de felicidade, tentando reparar e pedindo perdão por nossos erros. Tentando, enfim, dar-lhes uma paz que não depende de nós. Se fosse fácil fazer alguém feliz, todos os seres humanos seriam felizes, porque Deus quer as pessoas felizes.

295

FIÉIS NÃO BALEM. Ovelhas balem, e pastores conduzem ovelhas. É um símbolo! Mas, quando uma Igreja se revela mistério, mais do que símbolo, o pastor é chamado a pregar de maneira inteligente para fiéis inteligentes. Fiéis não são ovelhas nem cabritos, e eles não balem. Eles falam! Triste da Igreja onde o pastor ainda pensa que seus fiéis balem. Vai escutar o que não quer depois dos seus sermões.

296

ENTRE O LEITO E O ALTAR. Magno tema a ser abordado. Alguém mais erudito que eu deveria aprofundá-lo. O assunto é tão delicado, que exigiria no mínimo 500 páginas. São dois momentos de sacralidade, todos os dias renováveis. Leito e altar são sagrados, e nos dois alguém se imola em favor dos outros. O casal amoroso e fiel sabe o significado do leito e do altar. O religioso que se entrega à fé, para que todos cresçam, sabe o sentido da hóstia, da cruz. E nos dois chamados há renúncias. Se o motivo não for amor, nenhuma das duas consagrações realiza as vítimas nem as vítimas passam paz para os seus conquistados.

297

ESCOLHAS. Conversei dias atrás com 12 leigos casados e solteiros, consagrados à sua profissão e à sua missão. O assunto era: "entre o leito e o altar". Quando chega a hora de escolher, o que a mulher escolhe? O que escolhe o marido? O que escolhe o padre? O que escolhe o casal em crise? O leito prende e o altar prende. Na hora da crise, qual das portas o crente escolhe? Quer se casar, mas fez um juramento. Quer se separar, mas fez um juramento. O parceiro de leito exige que o outro mude de Igreja? E aí? A questão é somente casar ou não casar, celibato ou não celibato? De mil maneiras o coração é desafiado na sua fidelidade a Deus, ao parceiro, a sua Igreja, diante do leito e do altar.

298

MUDAR DE FÉ E DE AMOR. Conhecida a postura de fundadores de Igrejas, de comunidades, até de bispos, sacerdotes, e leigos, ante o magno dilema, mudo de fé? Mudo de votos? Mudo de ordem? Mudo de diocese? Mudo de estado civil? Apareceu um dilema que me machuca: assumo o altar ou o leito? Vou para a Igreja da pessoa que eu amo? Sou mulher e amo outra mulher! Sou homem e amo outro homem! Mudo meus conceitos de fé para morar na mesma casa, dormir no mesmo leito e orar na mesma Igreja? Serei aceito na sociedade em que vivo? Serei aceito pela Igreja onde me batizei e me crismei e fiz minha Primeira Eucaristia?

299

PROFECIA? Era bem mais fácil quando os pastores falavam em voz unânime, e os fiéis, que eram ovelhas, apenas baliam. Era mais fácil quando empresários da fé não abriam novas Igrejas, mesmo sem serem ordenados e sem serem bispos. Mas quando as Igrejas se multiplicaram, apareceram milhares de pastores com doutrinas independentes de qualquer corpo de doutrina, praticando a livre profecia que Jeremias caracterizou em Jr 14,14 e Jesus em Mt 7,15 e 24,24.

300

PROSSEGUIR OU NÃO NO CAMINHO. Ninguém pode dizer que não foi tocado pela graça, mas ninguém pode garantir que isso aconteceu quando tomou a decisão que tomou. Cada fiel tem o seu foro íntimo, e cada fiel tem um foro chamado Igreja que o ajuda a distinguir no meio de suas dúvidas e hesitações, às vezes por entre lágrimas, se deve prosseguir ou não no caminho que trilha. Muitos não conseguem mais, outros não querem mais.

301

SEMPRE HAVERÁ ESPINHOS NO CAMINHO. É aí que entra a ascese do leito e do altar. Qualquer dos caminhos é forrado de pequenos espinhos que, não obstante, nem sempre nos crucificam. Casais e celibatários sabem disso. O amor é bom, mas nunca foi nem será fácil.

302

SEM FÉ NÃO DÁ. Sem fé, fica muito difícil dar a liberdade a quem quer que seja. Sem fé, fica muito difícil viver a sexualidade com equilíbrio. Sem fé, fica impossível fazer as renúncias que o casamento exige.

Se o amor entre um homem e uma mulher não for sagrado, acaba o respeito. Sem respeito, qualquer coisa é válida... No cristianismo há uma palavra que não pode nunca ser jogada fora: pudor. O hedonismo não o conhece.

303

A VERDADE NÃO TEM DONO. Os donos da verdade são tudo, menos donos de si mesmos. Podem até estar cheios de piadinhas simpáticas e de sorrisos bonitos. Mas, se não sabem ouvir os outros credos e não sabem ver Deus no coração de pessoas de outra religião, são pessoas desequilibradas. Todo aquele que jura que a verdade está só do seu lado, em geral, não está do lado da verdade. Está do lado de si mesmo e longe, muito longe do ser humano e de Deus.

304

É TRISTE DIZÊ-LO. A nossa é uma época cheia de pregadores desequilibrados. Por conseguinte, cheia de servos que não consultam os outros servos na hora de interpretar o seu senhor. Vale o que acham que ouviram do céu. Alguns beiram à loucura. Precisariam muito mais de um divã de psiquiatra do que de um púlpito. E enquanto não aprenderem a ver verdade nos outros, não deveriam mais se intitular pregadores.

305

O FANÁTICO NÃO PREGA A VERDADE DA CRUZ. Crucifica teimosamente a verdade porque a verdade tem que soar do jeito dele. E são os fanáticos os maiores fabricantes de ateus. Não fossem eles, o mundo acreditaria bem mais do que acredita.

306

NÃO COMUNGAM MAIS. Para serem felizes, muitos de meus amigos, e até parentes meus, mudaram de religião. Comungavam comigo na mesma mesa. Agora não comungam mais. Não os julgo nem condeno. Tiveram seus motivos e suas necessidades. Acharam lá as palavras que gostariam de ouvir e as ideias que lhes fizeram sentido. Foram embora do catolicismo. Não os obriguei a vir e não os obriguei a ficar. A decisão não era minha. Era deles e delas. Foram amados do mesmo jeito. Suponho que Deus faz o mesmo.

307

QUE SEJAM FELIZES! Só espero que, embora nossas cabeças estejam a quilômetros de distância, nossos corações ainda batam juntos e que nos cumprimentemos civilizada e fraternalmente na hora do Pai-nosso. Porque, sem isso, nem eles nem eu mereceremos ser felizes. Quem se agride e se desrespeita por causa de algumas passagens bíblicas tem o coração muito pequeno. E provavelmente não leu direito as outras passagens...

308

MEU IRMÃO AGORA CRÊ DIFERENTE. Rezo por ele do meu jeito católico. Que ele ore por mim do seu novo jeito. Não concordo com ele, mas respeito sua escolha. Se ecumenismo for isso, então sou ecumênico. Espero que ele também o seja.

309

COMO SE FOSSEM ESTOPAS. As prisões do Brasil são enormes depósitos de gente que se extraviou e que é tratada como estopa. Não é reciclada no tempo certo e do jeito certo e na hora certa; mistura-se tudo e não se faz a seleção adequada. Essas pessoas nunca se tornarão bom tecido social. Pior, deixam-se anos a fio milhares de prisioneiros guardados em casas de custódia, prisões, cadeias, que não passam de depósitos de gente incômoda. O país que não recicla direito os seus resíduos domésticos, também não recicla direito os seres humanos extraviados e feridos na alma.

310

NÃO SÓ OS BONZINHOS. Deus, na sua infinita misericórdia, não beneficia somente os bonzinhos com a sua graça. Para receber misericórdia, o sujeito não tem que estar preparado. Há milagres em favor dos bandidos e de gente má. Leia os evangelhos e verá que ladrões e pecadores tiveram chance, mesmo quando estavam buscando o pecado. É o que digo na minha canção.

"Felicidade chegou, nem sequer se apresentou, foi entrando de mansinho pela fresta que deixei... E porque me descuidei, Deus entrou com seu amor."

Agostinho e Francisco, a seu modo, deram prazo para sua conversão. Deus se antecipou e criou situação de conversão para eles. Isso acontece com milhões de fiéis ou de gente errada. A hora da graça não somos nós quem decidimos. Até nisso somos servos inúteis. Nem a hora de nossa conversão depende de nosso querer ou não querer. O querer de Deus é bem mais forte.

311

O MILAGRE É PARA O NECESSITADO, que precisa ser renovado no corpo e na alma. O milagre passa pela Igreja que ora, mas não é proprie-dade das Igrejas nem do pregador famoso que faz o fiel sair andando pelo palco. Milagre é decisão de Deus, que pode agraciar um ateu ou um pagão e um cristão ou membro de qualquer religião, porque na sua infinita misericórdia Deus não opera milagres somente para os que o reconhecem como seu salvador. É o que Paulo diz: "E por derradeiro de todos me apareceu também a mim, como a um abortivo" (1Cor 15,8). "Porque eu sou o menor dos apóstolos, que não sou digno de ser chama-do apóstolo, pois que persegui a Igreja de Deus" (1Cor 15,9).

312

CONVERTER ALMAS. Somos chamados a converter almas para Cristo, ou a sermos um dos milhões de almas que Jesus deseja conver-ter? Alguns pregadores ultimamente andam confundindo seus verbos. Dizem que estão convertendo almas para Jesus, quando, na verdade, não têm esta capacidade, por mais que orem para isso. O servo útil sabe do seu limite. Ele pede a Deus que converta aquelas almas, mas não é o pregador que as converte.

313

CRISTIANISMO EFICAZ. Jesus alerta contra a pregação aparentemente eficaz e com garantias nos capítulos 7, 24 e 25 de Mateus. Paulo alerta Timóteo contra os pregadores que dirão coisas agradáveis e farão marketing excessivo; é só ler o texto com cuidado. Puxar para a própria Igreja a veracidade dos acontecimentos, só porque lá ocorrem milagres, é não entender o essencial da fé cristã. O amor é a prova de que a Igreja é de Cristo, e não os prodígios que acontecem lá dentro.

314

CIDADE SEM PAZ. A cidade que se chama Jerusalém, e cujo nome significa "cidade da paz", é hoje uma das cidades mais sem paz do mundo. Significativamente Israel significa "guerreiros por Deus", mas também a palavra "palestino" vem de uma raiz que significa "guerreiros por Deus". E um dos grandes componentes da fé em Deus: a eleição por Deus. Acrescente-se a isso três grandes religiões, às vezes em conflito, judeus, cristãos e muçulmanos, cada um deles afirmando-se eleitos, uns em Javé, outros em Cristo e outros em Alá. O que sobra são dominações, conquistas, perdas, revoltas, reconquistas, guerrilhas, conluios, conchavos, horror.

315

CONTRA OS GUERREIROS. Jesus foi exigente com os lados em guerra. Tanto se aproximou de todos, que foi malvisto por todos. Não resta dúvida, fazendo a leitura da vida de Jesus, que a conclusão é óbvia: morreu por ter falado de mudanças substanciais. O deus que eles adoravam não suportava tais mudanças, mudanças essas que significavam amor ao inimigo, diálogo permanente, perdão e paz. Eram povos que brigavam por terra, território, água e fé. Jesus morreu porque se aproximou e queria que os grupos se aproximassem. De sectário Jesus não tinha nada. Tratava as pessoas de forma a gerar inclusão. E a inclusão é o drama da humanidade. Excluir sempre foi mais fácil do que incluir. Sempre houve mais dinheiro para guerrear que para alimentar os pobres.

316

SOCIEDADE LAICA. O que vemos no Brasil é um avanço na direção da sociedade laica, que não se fundamenta na doutrina cristã. Já sabemos fazer barulho e falar bonito no rádio e na televisão. Agora o que precisamos é de criar leis que realmente respeitem o projeto de Jesus Cristo. E isto é bem mais difícil. E enquanto fazemos festas nas ruas e nos templos, lá no Congresso eles passam leis que Jesus jamais aprovaria.

317

VIVEMOS UMA ERA DE LICENCIOSIDADE EXACERBADA. As vitrines estilo BBB estão lá para chamar clientes. O irônico e o ridículo, é que chamam os adultos para ver, permitem que adolescentes e jovens bisbilhotem, mas deixam aos educadores a tarefa de ensinar a ver. As *sex shop* deveriam ser todas a portas fechadas. Mas o mesmo produto está na televisão, nos filmes, acessíveis a qualquer criança.

318

SUPEREXPOSIÇÃO. Não haveria razão nenhuma para expor os seus produtos, se pensassem mais nas adolescentes, as quais muitas precocemente se tornam mães. Talvez a vida dos pais e educadores fosse um pouco mais tranquila se os jovens recebessem em casa uma sólida orientação. Mas a rua oferece uma provocação depois da outra. Nem toda família tem maturidade para impor limites. Quem poderia fazê-lo é a TV, que transmite as imagens. Ao transmitir qualquer tipo de cena, a televisão passa por cima da comunidade. Não apenas informa, mas subverte e seduz.

319

QUALQUER COISA. Quem faz qualquer coisa para atingir seu objetivo é do tipo que não hesita em ferir qualquer pessoa para atingir sua qualquer coisa. O capital é destruidor. Para construir um pouco na cidade, ele destrói muito no mar, nos rios e nos campos. O comunismo faz o mesmo. É insaciável. Um gasta com suas corporações e outro com o estado pantagruélico. O sujeito sem reservas vive à mercê das gorjetas dos dois sistemas.

320

SOMOS TODOS CARENTES. Tornamos a encher o tanque porque a viagem consumiu os 60 litros. Tornamos a comer porque o organismo consome o que levamos ao estômago. Tornamos a beber, a falar, a dizer eu te amo e a buscar carinho porque consumimos depressa o amor recebido. Somos seres carentes, consumidores, nunca suficientemente preenchidos. A plenitude é para depois dessa vida, aqui vivemos de dose em dose.

321

RELIGIÃO E ARRECADAÇÃO é um binômio explosivo. Toda vez que se acentua demais o dízimo, a contribuição e a arrecadação, diminui o conteúdo da pregação e da religião. A necessidade de crescer e depois se manter acaba por retirar a sensibilidade do pregador, cujo poder passa a depender do pedir.

322

BÍBLIA PERSONAL. Existe um jeito, desonesto por sinal, de cada um ler e ter a Bíblia que sirva para si e para seu grupo de fé. É a fé que vive da tesoura e da cola: é só cortar o que interessa e criar uma Bíblia que só diz o que queremos que ela diga. É o que fazem muitos pregadores, que só usam os trechos que ajudam a manter as suas ideias e os seus templos. Quem quiser um Jesus só do seu jeito, use a tesoura e a cola e faça um caderno só com as frases agradáveis de Jesus. Não é cristianismo, mas dá resultado. O pregador acaba tendo muitos ouvintes, porque o mundo gosta muito mais de palavras boas do que de palavras verdadeiras, que por fim acabam por serem mentirosas.

323

QUATRO VERBOS revelam nosso amadurecimento como pessoas amorosas: compreender, perdoar, conviver e valorizar. E há outros dois que revelam que chegamos lá: vencer e perder.

324

VOCÊ ME PERGUNTA se o capitalismo, que se baseia no lucro e no acúmulo, é perigoso e tira a liberdade, e eu digo que sim. Você me pergunta se o socialismo ditatorial é perigoso e tira a liberdade, e eu digo que sim. Um rouba os bens do planeta e dos mais pobres; o outro rouba o maior bem do ser humano, o direito de escolher. E os dois sistemas empobrecem a vida humana.

325

SE NA LEI DA SELVA não se deve impedir o leão de atacar o cervo para se alimentar, na lei de Deus e dos homens não se pode permitir que alguém mate ou roube para se alimentar. Nós plantamos e acumulamos e criamos alimento: a questão é saber distribuí-lo.

326

CONJUGAÇÃO VERBAL. Eis alguns verbos fundamentais para o diálogo entre as pessoas. Transversalizar, essencializar, pontualizar, situar, felicitar, modificar, nidificar, descrucificar, fraternizar, consagrar.

327

SE NA TERRA eu tivesse achado mãe melhor do que a minha, mesmo assim não a teria deixado. Mas não achei. Além disso, amava minha mãe. Se tivesse achado uma Igreja melhor do que a católica, mesmo assim pensaria mil vezes antes de mudar. Melhor em que sentido? Mais

certa e mais santa? Não conheço nenhuma. Acho outras Igrejas mara-
vilhosas, mas acho a minha muito mais maravilhosa, apesar dos pecados e defeitos que vi e vejo nela. As outras Igrejas também sofrem dos
mesmos problemas.

328

SE EU ADMITISSE que existe Igreja melhor do que a Católica Apos-
tólica Romana, por coerência teria que me converter para aquela Igreja.
Mas não mudarei e não admito mudar. Faço parte de uma boa Igreja,
que têm pecados, mártires e santos, e 20 séculos de tradição. Respeito
quem veio depois, mas acho que nós temos mais a dizer sobre Jesus
Cristo. É claro que é minha opinião. Não é exatamente isso que também
os outros cristãos dizem?

329

OS QUE ABANDONAM UMA IGREJA de 20 séculos como a católica,
por uma de 20 anos, trocaram o antigo pelo novo, na certeza de que o
novo é melhor. Estão convictos de que acharam o vinho novo da fé. Não
acho que as outras são Igrejas inferiores, apenas acho que temos a oferecer mais do que elas. Direito delas, direito nosso!

330

AJUSTES. O superior de uma comunidade uma vez me disse: "Pedi
ao engenheiro que ajustasse uma casa de hóspede e dei a ele o desenho
do que queria. Ele disse que não poderia fazer daquele jeito, pois a casa

não resistiria. Sugeri a ele então que ele me atendesse do jeito dele, mas que queria lugares e banheiros para 15 pessoas. Ele fez mais do que eu pedira, criou espaço para 20 pessoas, só que a casa não ficou como eu a imaginara. Fiquei chateado porque, embora ele a tornasse mais funcional, a fizera menos bonita. Um dia recebi a visita de outro engenheiro, que me elogiou pelo bom gosto de haver feito uma casa de hóspede que tinha os traços da escola que eu dirigira; não fugira do projeto original". O superior concluiu que ele não havia percebido que redesenhara a casa para que ela parecesse uma extensão da escola. Ele renovou sem inovar. E eu lhe disse: "Deus faz o mesmo. Pedimos uma coisa a ele e ele a faz maior do que pedimos, mas a desenha do jeito dele. E só mais tarde descobrimos que o jeito dele era melhor".

331

O RAPAZ COPIOU 28 LIVROS de psicologia no seu *laptop*, mas não passou nos exames. Acumulou informações na máquina, mas elas não lhe entraram na cabeça. Dá-se o mesmo com Deus: pode-se saber muito o que disseram sobre ele e, contudo, ser incapaz de falar com ele. Saber ainda não é crer, e crer ainda não é orar.

332

PRESSA DE MILAGRES. Toda religião imediatista tem pressa de fazer o milagre e a cura acontecerem. Por isso seu culto é imediatista. Dez minutos depois de iniciar a missa ou o culto, o fiel já está orando em línguas. A magia tem pressa de acontecer. Mas o rito sereno aceita o que vier e não apressa o prodígio. Haverá momentos em que ninguém orará em línguas, porque não houve como forçar a barra. Simplesmente

Manual do servo inútil

o sinal anunciado não aconteceu. O milagre, Deus decide. Quando a oração em línguas começa a acontecer aos três minutos de uma reunião, é difícil crer que não houve indução. E onde houver indução pode apostar que há mais magia do que rito. Alguns pregadores apressados praticamente já começam orando em línguas. Ao primeiro chute, já querem balançar as redes!...

333

O MÁXIMO POSSÍVEL. O Brasil ainda não chegou ao máximo possível, mas já não está no mínimo necessário. Contudo, vai demorar décadas até que cheguemos ao máximo possível. Talvez nunca cheguemos a uma Suécia, uma Dinamarca ou uma Holanda. Mas, se conseguirmos ser um Brasil mais respeitador dos direitos humanos e com muito mais justiça, já será muito bom ser brasileiro.

334

REVER A PRÓPRIA SANTIDADE. Todo santo precisará rever a sua santidade a cada novo passo. Pregadores precisam rever as suas pregações. Políticos, as suas políticas. Ideólogos, a sua ideologia. Isso tudo por conta das nossas imperfeições. Não somos tudo o que dizemos ser e nunca conseguiremos ser tudo o que gostaríamos de ser. Culpamos o grupo que não está à nossa altura, mas na verdade somos nós que não estamos à altura do grupo. Se alguém lhe disser que mudou de família, de grupo de religioso, mudou de Igreja ou mudou de partido, não se apresse em julgá-lo. Mas também não se apresse em lhe dar os parabéns. Aconteceu uma ruptura nesta relação. Em toda ruptura pode ser que o outro seja culpado, mas pode ser que quem rompeu o seja também. Por isso, pense duas vezes antes de partir para outra. O problema pode não ser o seu grupo. Talvez o problema seja você, e, nesse caso, onde quer que vá, levará consigo toda a problemática e todo o desconforto de sentir que não achou o que buscava.

335

CONCORDAR EM TUDO? Não concordava e não concordo em tudo com a minha Igreja, mas nem por isso a abandonei. Entendo que leis existem e precisam ser seguidas. Você não tem que concordar com elas: tem que respeitá-las e obedecer, pois foi isso que prometeu. Houve muita coisa no Brasil com a qual discordei, mas assim mesmo preferi a democracia e continuei votando.

336

LINGUAGEM HERMÉTICA. Vejo irmãos pentecostais usando de expressões que nem mesmo a sua Igreja entende, e percebo que há às vezes um jogo de palavras que só os frequentadores habituais daquele templo é que conseguiriam entender. Não obstante, é o mesmo que eles usam no rádio. Existe, pois, uma linguagem que se torna hermética a cada vocábulo novo. Talvez produza bons resultados, mas há de se perguntar se é o mais conveniente.

337

MEDO DA VIDA? O que sei é que nunca tive medo da vida. Não é agora que vou ter medo do fim dela. Terei 3 a 8 anos, talvez 10, mas

Manual do servo inútil

tenho menos tempo para viver do que já vivi. Comigo estão os seten-tões, que já viveram a maioria de seus sonhos. Se nós, da terceira ou quarta idade, entendêssemos isso, talvez aprendêssemos a conviver mais com os limites que acompanham a idade, que podem trazer limites ao espiritual ou não.

338

ETERNAMENTE JOVEM? Espero ser eternamente pessoa, mas não eternamente jovem. Não me iludo com a ideia de que ainda sou jovem. Aliás, não sou mais. Mas também não fico amargurado com a ideia de que estou envelhecendo. Estoico na juventude, estoico na idade adulta, estoico na velhice... Venha o que vier, tenho "alguém" que se importa comigo. Como creio que Deus existe e que foi ele quem decidiu me criar, com a ajuda de um óvulo e de um espermatozoide, acho que quando ele decidir me levar, sempre do jeito dele, viverei outro tipo de vida, mas serei transfigurado numa outra dimensão do existir.

339

ESPERO A RESSURREIÇÃO. Até lá, servo útil e inútil, espero ter sido perdoado e ter aprendido a pedir perdão. Se eu chegar a uma ida-de avançada e minha passagem pela terra tiver deixado marca, imagi-no que irei feliz. O abacate que puseram à mesa hoje veio de um abaca-teiro plantado por um homem que já morreu há 15 anos. A filha dele me contou isso. Não o conheci, mas saboreei o fruto do seu trabalho. Espero que lá, no colo de Deus, onde ele está, veja que valeu a pena o caroço que plantou.

340

CONSELHOS PARA QUEM NÃO PEDIU. Se algum escritor, compositor ou cantor jovem, depois de saber que faz 45 anos que me dedico a livros, canções e discos, me pedisse alguns conselhos, eis o que lhe diria:

1º Minhas lentes não lhe servem. Você terá que achar as suas, mas posso lhe dizer que as minhas lentes – que fui mudando com o passar do tempo – me ajudaram a ver.

2º Não queira nunca ser o primeiro, mesmo se durante algum tempo você for o primeiro.

3º Valorize o quinto, o décimo, o vigésimo ou o centésimo lugar, porque esses também são lugares de honra.

4º Fuja do luxo e do acúmulo doentio de dinheiro. É um tipo de droga semelhante à cocaína. A pessoa não consegue ter menos.

5º Faça marketing das suas ideias, mas nunca de si mesmo.

6º Procure mostrar mais o seu pensamento do que o seu rosto.

7º Cuidado com os holofotes: eles podem fazer você brilhar, mas também podem cegá-lo;

8º Deixe que outros vendam o seu produto, mas não permita que ninguém o venda como um produto;

9º Cuidado com o excesso de exposição à luz: o corpo fica cheio de bolhas e a cabeça também.

10º Não diga que está falando em nome de Deus, quando está claro e palpável que aquela ideia veio de você.

11º Leia uma, duas, três vezes o seu trabalho; ouça uma, duas, três vezes (!) a sua canção, antes de publicá-los.

12º Não tenha pressa em tornar pública a sua obra.

13º Cuidado com as críticas e os elogios: os dois podem ser vãos.

14º Pense dez vezes antes de aceitar um prêmio ou alguma homenagem pública. E se o fizer, faça-o depois de consultar pessoas maduras que o amam e o conhecem.

15º Se elogiado, dê um jeito de elogiar quem o precedeu e tornou possível o seu caminho.

16º Não seja ingrato com quem o formou. Você deve o que é a você mesmo, mas em boa parte também aos que lhe deram a chance de crescer e acontecer.

341

O BRASIL NÃO APOSTOU NA INFRAESTRUTURA. Os governantes não acharam que o país cresceria, nem que o mundo precisaria tanto de nossos produtos, como veio a necessitar. O Brasil de hoje parece um gigante vestindo roupa de criança. Faltaram-nos estadistas. Os governantes governaram para amanhã, quando deveriam ter governado para muitos anos à frente. O imediatismo prejudicou o país. A fúria de agradar empresários, partidos, apaniguados e apoiadores, colocou o dinheiro onde podia esperar, e não onde era urgente. Urgentes eram as rodovias, as estradas de ferro, os metrôs, os portos, os aeroportos, o escoamento dos produtos e os espaços para acolher quem nos visitasse e quem de nós quisesse ir lá para fora. Somos hoje um país que engordou, mas continua usando roupas tamanho P ou no máximo ternos tamanho M. O país precisa ser redimensionado. Temos partidos capazes disso? Você conseguiria citar 10 governantes brasileiros com esta visão?

342

MEDITEMOS NO NATAL. Se prestarmos atenção, toda a história do Natal nos Evangelhos, na tradição e na liturgia dos católicos aponta para a universalidade deste nascimento: nasceu para todos. É a vitória dos pobres; é a vitória de um pobre que fez a diferença no mundo. Por isso é uma festa de ascensão, de elevação e de humildade, de kênosis e de esperança. Aprende-se muito com a mística no Natal. O que é preciso é ler com a devida atenção. Faça isso e você descobrirá muito mais. Jesus não apenas nasceu pobre: as circunstâncias que envolvem a narrativa de seu nascimento é que mostram o sentido dessa vida.

343

A POBREZA NÃO LHES TIROU OS SONHOS nem a dignidade. Não fizeram e não farão qualquer coisa para ter dinheiro. Quem nunca foi a uma favela, nunca vai saber que há muitos jovens de favela com cabeças brilhantes e com uma formação humana que encheria de orgulho este país. Mas nem sempre eles são notícia. Dançar, cantar, tocar, são habilidades dignas de respeito, mas há milhares de jovens que fazem mais do que isso nas nossas periferias. Eles estudam e querem modificar o jeito do nosso país. Agora que, dominados pela droga, há jovens ricos e pobres indo para a violência e para a desumanidade, é hora de pôr na vitrine esses rapazes e moças que trabalham duro e estudam, mesmo com muito cansaço, para mudar o conceito de pobreza e riqueza no Brasil. São servos úteis que nem por isso se acham os donos dos morros ou das baixadas. Servem o povo.

344

NAS PERIFERIAS, favelas, tugúrios do mundo, nos apartamentos extremamente apertados moram gente boa, mulheres e homens amorosos, preocupados com seus filhos; muitos sonham sair de lá; outros nem isso! Não conseguem se ver fora dessas comunidades. É lá que desejam viver. Inúmeros procuram a religião como forma de ampliar seu horizonte, porque nem clubes existem. A religião às vezes é o único espaço que eles têm para se expandir e sua vida se passa da casa para o trabalho e para a igreja. São servos de Deus e do povo. Dona Tidinha, Seu Alaor, a Dica e o Nando bem que mereceriam ser chamados ministros da reconciliação. É o que fazem na periferia onde moram.

345

POR CERCA DE 45 ANOS fiz parte dos padres que apareceram bastante na mídia. Acreditava e acredito que essa seja uma forma de serviço e de martírio. Quem não passou por isso, não sabe o preço que se paga por ser mais conhecido do que os outros. Mas os diretores e apresentadores de rádio e televisão conhecem a minha postura: sempre fiz questão de mostrar presença discreta. Escolhi estar na mídia sem ser da mídia. Nunca aceitei ser remunerado, não assinei contratos e sempre dei à direção das emissoras de rádio e televisão a liberdade de deixar de contar comigo. Se não quisessem minha palavra, bastaria dizer que haveria outro no meu lugar. E foi o que aconteceu quatro vezes. Para mim era um serviço que terminava naquela emissora. Se alguém me chamasse para outro serviço, eu iria. Se não chamasse, eu teria muitos outros empenhos de sacerdote a cumprir. Mídia é coisa de servo inútil. Se aparecer outro que mexe mais com povo, passem os microfones e as câmeras para ele.

346

PREGO ISSO DESDE 1967. Jesus mandou pregar o Evangelho de cima do telhado, evidentemente para que mais gente o ouvisse. O telhado hoje se ampliou de tal maneira, que milhões ouvem e veem quem está nele. Os telhados agora se chamam antenas, internet, redes sociais, rádio, televisão, editoras, E há muitos sacerdotes subindo neste telhado, porque acreditam na mídia, acreditam em multiplicar-se. Outros mais tímidos, mesmo sendo muito cultos, preferem não ser tão conhecidos. Não há porque censurar quem quer ser famoso para tornar seu pensamento ou sua obra conhecida; é uma opção. Os riscos, porém, são maiores. Quem decide bronzear-se mais, proteja-se mais para não se expor demais às luzes da mídia...

347

ADJETIVAR OS SUBSTANTIVOS. Nascemos com características de ser humano, mas todos os dias precisamos adjetivar os substantivos que nós somos.

348

CONTROLAR-SE. É o controle que o ser humano exerce sobre si e as qualidades que ele vai desenvolvendo ou vai deixando que coloquem nele que o tornam a cada dia mais pessoa. Estamos todos em construção e em reparos.

349

RIACHOS SELVAGENS. Imaginemos que o ser humano seja o riacho no seu estado selvagem. A pessoa educada é este riacho devidamente controlado e canalizado. Desde que o mundo existe, bilhões de homens e mulheres não conseguiram canalizar o riacho que corre dentro da sua alma. Deixaram-no no estado selvagem. Não souberam o que fazer com ele. Era o riacho da sua personalidade. Mas milhões e talvez bilhões conseguiram. Controlaram o rio da sua personalidade: aprenderam a controlar os excessos; nem demais nem de menos. Soberba, avareza, ira, gula, inveja, preguiça, bebida, comida, sexualidade, palavras, pensamentos, tudo foi controlado e canalizado. E porque controlaram o seu riacho, foram mais úteis, produziram muitos e bons frutos.

350

SUCESSO E DOR DE ALMA. Expliquei a um amigo famoso o que se passava com ele. Quis saber por que nunca me via triste ou irado e por que depois que fiquei menos famoso continuei a ser a mesma pessoa. Tentei dar uma resposta. Comecei perguntando o que ele entendia por fama e pedi que me explicasse o que para ele seria a tristeza e a melancolia. Não soube descrever...

Baseado no que já ouvi de centenas de pessoas de alma intranquila, escrevi num guardanapo na mesa de restaurante. "Seria aquele não sei que vai e vem, enche o coração de angústia e de vazio; aquele sentimento de estar sem chão; aquela dor que dói não se sabe por quê, e que parece que nunca irá embora; aquele tristeza difícil de definir, que não é solidão, mas também não é conforto; enfim, aquela dor que pressiona alguma coisa dentro da pessoa e mexe com o sono, faz chorar, muda o apetite e a disposição para o trabalho?"

"Mais ou menos isso!", disse ele.

Falei do que li, vi e conheci. Falei dos famosos e ricos, dos que tiveram milhões de ouvidos e olhos abaixo de seu trono de glória, citei mais de 40 nomes do mundo da canção, do cinema e da religião que passaram por este vazio. Milhares precisaram de ajuda de psicólogos e psiquiatras. E houve quem não conseguiu porque não aceitou ajuda. Falei de quatro ou cinco livros que abordaram, através da história, os famosos que sofreram de agudas dores de alma. Personagens bíblicos, figuras da mitologia, reis, imperadores, fundadores de religião e de Igrejas, gênios da música e da literatura, generais, grandes cantores e artistas, esportistas... não foram apenas milhares, somaram aos milhões.

Falei dos que se reencontraram e reconstruíram suas vidas, libertando-se da droga, da violência, da ânsia pela riqueza, pela fama e por reconhecimento, voltando a gostar dos outros e de si mesmos.

Perguntou-me o que eu faria se estivesse neste vazio que ele vivia. Falei-lhe das lentes e dos óculos que uso. E lhe disse que ajustei minhas lentes muitas vezes e que isso me fez enxergar melhor. Consegui corrigir minha visão toda vez que deixei de ver com clareza. Aí, sim, a opinião dos mestres que sabiam ver me ajudou. Comida, doces, bebidas, política, religião, fama, dinheiro, louvores... tudo em excesso, com o tempo tira a paz de espírito. Criemos laços com a vida, e não nós górdios.

351

CURAR DEMAIS. Curar demais é como batizar demais. Há Igrejas que garantem curar qualquer caroço, qualquer câncer e qualquer sintoma de Aids, é há anjo que atende no horário das onze da manhã aproximadamente, e que responderá com alguma graça ou milagre se a pessoa rezar o salmo 103, mas tem que ser naquele horário e tem que ser o salmo 103, porque depois o anjo tem outras ocupações. O mundo se afirma cada dia mais crente, mas na verdade está cada dia mais crédulo, acredita de qualquer jeito, em qualquer um. Mas isto não é fé.

352

NÃO LIGOU PARA A VIZINHANÇA. Aquele senhor que ligou o alarme estridente da casa e foi passear por cinco dias no Carnaval não era um servo útil. Sua casa valia cerca de dois milhões de reais. Mas, se tivesse que pagar pelo mal que fez naqueles cinco dias em que foi viajar e não voltou para libertar o bairro de seu egoísmo, ele perderia a casa e a loja. Motivo: ele soube que o alarme havia disparado, foi avisado por mais de 30 vizinhos, e não voltou, embora estivesse distante apenas 200 km. Não pensou nos doentes, nem nas famílias. Simplesmente esperou até a volta. A esse comportamento Jesus certamente chamaria de atitude de servo inútil. Um juiz severo lhe daria uma multa de perder a casa e a oficina.

353

ESTAMOS NA ENCRUZILHADA. Ouça e veja os pregadores de agora e perceba quem propõe fé que passa pelo compreender e quem propõe a que se baseia apenas no sentir e no fazer determinadas coisas, para conseguir determinadas graças. Escolha um dos caminhos. Anuncie um Jesus que faz coisas incríveis por você, toda vez que você ora e pede do jeito especificado no livrinho de orações infalíveis, ou um Jesus que o ajuda a entender as coisas e, ao entendê-las, você mesmo consegue encontrar a maioria das respostas. Não é para isso que aprendemos catecismo? Para saber mais, viver melhor e servir melhor?

354

LUZES E SOMBRAS. Prega-se entre luzes e sombras. O povo que, às vezes, perde emprego, pai, mãe, marido, mulher e filhos, sabe disso. Que o servo pregador também o saiba! Pregar machuca.

355

CRUZ E LIBERTAÇÃO. Ou tiramos os outros da cruz ou não temos o direito de falar em libertação. Se quisermos levar ao peito uma pequena cruz de ouro, levemos, desde que saibamos também levar nos ombros a cruz do outro. Deus não vai nos perguntar naquele dia quantas emissoras de rádio criamos, quantas pessoas nos ouviam, para quantas pessoas falamos ou quantas nós convertemos para ele e, sim, o que falamos e fizemos por quem sofria no corpo e na alma.

356

OS PRÓXIMOS CINQUENTA ANOS. A previsão dos próximos cinquenta anos da humanidade passa também pelos pregadores de agora, com seu súbito e gigantesco poder econômico, sua mídia e sua afluência, advinda de suas arrecadações e do seu poder de persuasão. Nunca as Igrejas investiram tanto dinheiro a serviço da pregação. Não se erguem mais templos caríssimos, suntuosos. Agora, erguem-se torres poderosas. A mídia é hoje uma riqueza com poder de influenciar milhões de almas. Alguns grupos a possuem. Dinheiro é o que não lhes falta.

357

PREGAR APENAS O QUE SENTIMOS. Melhor é alguém ir embora e deixar o ministério do que subir ao púlpito e, lá, pregar apenas o que sente, negando-se a ensinar o que está no mais recente documento oficial; ou omitir a pregação de doutrinas das quais discorda. Estará usurpando o que pertence à Igreja. O padre que ensinou que a eucaristia é apenas um símbolo e que Jesus não está naquele pão e naquele cálice deu a sua opinião, mas foi contra a fé da Igreja. Usurpou aquele microfone. Traiu a Igreja na qual foi ordenado. Levou alguns consigo, mas levou-os para fora do catecismo católico. Seria mais honesto se fundasse a sua própria Igreja.

358

PROCURAM-SE PREGADORES e locutores que leiam muito e tenham sede de saber. Tenham cultura razoável para passar informações seguras aos seus ouvintes e telespectadores. Leiam muitos livros do seu movimento e muitos livros de outros movimentos da Igreja. Leiam os grandes teólogos da Igreja, e não apenas os da sua corrente de espiritualidade. Conheçam História, Teologia, Filosofia, Sociologia, Pedagogia, Psicologia, Antropologia... Com ou sem diploma ou título, conheçam os livros mais indicados pelos estudiosos da fé.

359

SOLIDARIEDADE É A PALAVRA EM VOGA. Solidário é quem é sólido e ajuda a segurar os menos sólidos. O solidário consegue caminhar junto, sentir-se na pele do outro, colocar-se no lugar do outro e imaginar como é a vida daquele ângulo. Solidário é quem acha sempre alguma moeda em algum lugar do bolso ou do carro para dar a alguém que talvez não ganhe mais do que míseros reais por dia. Solidário é quem não diz que não tem, quando tem.

360

SÓLIDOS E FRATERNOS. A solidariedade é virtude que nasce da fraternidade. Se me sinto irmão de todos, sou solidário. Se não me sinto irmão, dou um jeitinho de fazer de conta que não tenho ou não vi. É o que fazem os motoristas nas esquinas repletas de meninos e velhinhos pedintes. Para não alimentar possíveis vagabundos, tornamo-nos filósofos debochados e insensíveis. Achamos mais razões para não ajudar do que para ajudar. Afinal já pagamos impostos. Que o governo faça a sua parte.

361

REPASSO A TRAJETÓRIA dos jovens servos úteis que conheci. Fico feliz pelos caminhos deles. Conheci-os nos anos 1960-1980, enquanto se tornavam adultos. Eram pobres de periferia, filhos de classe alta, jovens trabalhadores, que sonhavam com a faculdade, eram estudantes católicos cheios de sonhos. Ajudaram na pastoral da paróquia ou da diocese. Frequentavam dias de formação ou encontros de pastoral. Estavam abertos à Igreja e não se fechavam em apenas um movimento. Misturavam-se com outras experiências de fé. Aprenderam a admirar as místicas dos beneditinos e das beneditinas, dos franciscanos, dos jesuítas, dos vicentinos, dos dominicanos. Sabiam admirar quem tinha cultura e catequese diferenciada, sem perder os rumos da sua paróquia.

362

TORNO A ENCONTRÁ-LOS AGORA, com netos e netas. A maioria formou famílias sólidas. Os que não conseguiram manter o primeiro matrimônio, nem por isso romperam com seus ideais ou com a Igreja Católica. Alguns já faleceram. Foram antes de mim. Uns dois ou três escolheram outra Igreja cristã para orar. Mas a maioria deles, cerca de 96%, optou pela Igreja que os batizou, crismou e casou. Eu estava lá. Aprendi a ser servo com eles e com elas.

363

BUSCAVAM SOLIDEZ. Lembro os que se tornaram engenheiros, advogados, professores, profissionais liberais, médicos, empresários de sucesso, comerciantes, bancários, três sacerdotes, duas religiosas, líderes de Igreja, cantores e cantoras, comunicadores, fazendeiros, vereadores, políticos. A maioria deu frutos, e bons frutos. Havia solidez.

364

DIAS ATRÁS NOS REENCONTRAMOS. Temos feito isso com alguma regularidade. Brinquei dizendo que, para algumas coisas, fomos servos inúteis, porque, afinal, ninguém acerta em tudo. Mas para outras fomos servos úteis. Num todo, aqueles jovens dos anos 1960 a 2000 escaparam da violência, da droga e da corrupção. Tornaram-se cidadãos dedicados e católicos. A catequese que receberam tem durado por mais de 50 anos. Deus seja louvado. Foram ouvidos e ouviram a Igreja que os batizou.

365

RELEMBRO OS SERVOS E AS SERVAS ÚTEIS que conheci no altar, no púlpito e na vida pastoral. Alguns eram meus amigos e tinham outro conceito de pastoral, de política e de catequese. Um até escreveu contra mim. Comprei o livro e fiz uma anotação, e o devolvi a ele explicando meu pensamento. De fato ele era mais culto do que eu. O futuro diria para onde caminharíamos. Discordar fraternamente deveria fazer parte da nossa cultura. As polêmicas acirradas nos primeiros séculos, que opuseram padres, bispos e leigos, estão registradas nos livros de história do cristianismo. Hoje, quase 18 séculos depois, deveríamos ter aprendido. Mas vejo livros e revistas e textos da internet desancando e denegrindo os "outros", isto é: os que não comungam na mesma igreja e nos mesmos microfones.

366

COMUNGAR DEVERIA SER O VERBO. Da mesma palavra vem a comunhão, a excomunhão, o comungante e o excomungado. Da mesma palavra vem a expressão: "comungar da mesma mesa", "aderir a outra comunhão". Na mesma tendência seguem os que excluem quem não congrega nem comunga na mesma Igreja. Na mesma esteira seguem os que se proclamam "eleitos" por Jesus, enquanto deixam claro que o outro não conseguiu chegar lá. Tornou-se pária ao não aceitar a comunhão com a nova Igreja que está fazendo sucesso na mídia e nos templos e nas ruas... O menino, a menina recém-convertidos para a nova Igreja, do alto dos seus 18 anos, garantem que encontraram Jesus e que o doutor em teologia com mais de 30 livros profundos e bem fundamentados nunca encontrou a verdade. A verdade está com o seu pregador, que fala pela TV, mas que nada lê, exceto sua Bíblia. O resto não conta porque para ele não é sabedoria. Mas ele é servo de Jesus, e nós não somos.

367

SERVOS SERENOS. Na maioria dos relacionamentos de fé foi possível concordar sem salamaleques e discordar sem perder o respeito. Nas Igrejas cristãs há muitos sacerdotes, religiosas e leigos que agem como servos serenos. Não rompem conosco só porque não oram, nem pensam como nós. Foram poucos os que escolheram agredir por diferenças de fé, de pastoral e de posturas políticas. Entendo que a santidade passa por isso.

368

HUMILDADE SINCERA. Continuo dizendo que Jesus projetou a vida dos seus futuros seguidores dentro da mística da utilidade e da inutilidade de ser quem somos. Jesus não disse que somos inúteis. Disse que deveríamos vestir-nos da humildade sincera de quem sabe que faz o bem, mas não se gaba disso. Diante do elogio, devemos agradecer, mas faremos bem em admitir que não fizemos mais do que a nossa obrigação. O prêmio não é uma medalha de ouro nem um enorme pergaminho, nem as chaves da cidade, e, sim, a serenidade de quem fez o que fez porque era isso que deveria ter feito pelos outros. A solidariedade talvez seja isso.

369

SERVOS IDOSOS. Moro numa comunidade de mais de 65 religiosos, entre seminaristas jovens, jovens sacerdotes e sacerdotes anciãos. Como já passei dos 72 anos, faz tempo que deixei de ser jovem. Valeu a pena ser jovem e tem valido a pena envelhecer. Não tinha medo de ser jovem e não tenho medo de ser um ancião. Demos um jeito de colocar os jovens entre os anciãos porque é uma proposta da Igreja. Quem por muitos anos cuidou dos jovens e os trouxe para a vida religiosa, agora é cuidado pelos jovens que moram na mesma grande comunidade. É bom viver esse tipo de ascese, até porque as famílias vivem a mesma realidade.

370

ONTEM OFICIEI UMA MISSA para 5 anciãos, além de mim, mais 2 seminaristas de menos de 30 anos. Pude viver a proposta de Jesus: "Assim também vós, quando fizerdes tudo o que vos for mandado, dizei: 'Somos servos inúteis, porque fizemos somente o que devíamos fazer'" (Lc 17,10). Cinco sacerdotes de 70 anos a 90 anos, inclusive eu, vivemos alguma cruz. Três tiveram AVC e houve sequelas. Eu pude voltar a pregar com limites, e a fala voltou. Até consegui cantar e gravar novos CDs e escrever novos livros. Mas sou cuidado pela comunidade. Dois deles, cheios de méritos pelo muito que fizeram pela Igreja e por nossas comunidades, hoje têm dificuldade de ler, de se expressar ou de pregar. Dois decidiram nem ler nem pregar.

371

NOS DIAS EM QUE EU PRESIDO A MISSA, faço questão de incentivar os dois a ler e a pregar, por mais tempo que demore seu esforço. É um direito que eles têm. E, além disso, para muitas coisas também sou um servo limitado e até inútil. Não faço nada mais do que a minha obrigação. Se alguém me ajudou, agora cabe a mim ajudar o colega que deseja pregar e ler, mas que não consegue fazê-lo como antes.

372

OPINAR É UM SERVIÇO VALIOSO para a pátria, para a fé e para a família. Muitas vezes sua opinião será elogiada. Outras vezes será combatida. Mas pense, informe-se e opine. Se tiver medo de opinar, lembre-se de que até para vender pipoca, sanduíche ou água mineral, haverá ocasiões em que sua opinião tem que ser expressa.

373

MEDO DA FÉ DOS OUTROS, da política dos outros ou da crítica dos outros não fará de você um servidor da verdade. Dialogue e ceda, se for o caso, mas vá em frente e opine, se acha que deve. Muitos morreram por pensar e falar. Outros mataram para silenciar.

374

O CAMINHO DELE NÃO É O ÚNICO. A verdade não está sempre com a direita, nem com a esquerda, nem com o centro; não está sempre com o governo nem com a oposição. E se alguém achar que só joga bem o sujeito que vai pela esquerda, ou só pela direita, ou só pelo centro, ensine a este sujeito que jogar o jogo da vida não é enveredar por apenas por um dos lados. Há outras possibilidades de fincar a bandeira no topo da vida chegando por outro caminho. Seu caminho de vida pode até não ser o melhor, mas não deixe que alguém force a barra silenciando sua voz. O caminho dele não é o único.

375

PAIXÕES POLÍTICAS E RELIGIOSAS podem fazer enormes estragos nos que pretendem ser servidores do povo e de Deus. Servos radicais são enraizados, só que se enraizaram no canteiro errado.

376

VISÃO EXACERBADA DA VIDA. Muitas vezes observei esta visão exagerada da vida. Católicos radicais nos acham pessoas equilibradas até o dia em que discordamos deles. Dali por diante, nos acham pouco ortodoxos. Evangélicos ou pentecostais radicais nos consideram pessoas boas e sinceras até o dia em que discordamos de alguma prática ou pregação deles. Dali por diante, temos o demônio, ou estamos contra Jesus e contra a verdade. Petistas ou psdbistas radicais nos acham pessoas interessantes quando defendemos o PT e seu governo, ou elogiamos o PSDB em alguma situação. Mas, assim que postamos uma matéria que questiona um dos dois partidos em litígio político, os radicais do partido ofendido nos situam à margem da boa política e nossa opinião perde o peso. Ou concordamos ou silenciamos. Não é permitido concordar nisso e discordar naquilo. Ou defendemos tudo no dito partido ou somos pessoas desinformadas que se venderam para a outra corrente. Pessoas radicais quase sempre fincam raízes no canteiro errado e de um jeito errado: escolhem um tipo de flor ou de hortaliça, e quem cultivar ou elogiar os valores de outra flor ou hortaliça é criticado. Quem não toma partido, é olhado de soslaio.

377

NAQUELA VILA DE CIDADE GRANDE havia cerca de 23 mil servos de Deus. A maioria acreditava em Jesus. Mais de 96% afirmava que Jesus é Deus. Cerca de 65% ia orar, cada grupo nos seus respectivos templos. E havia 35 templos espalhados ao longo de ruas e avenidas. Eram todos servos cristãos com desejo de ser úteis. Mas tinham um grande problema: não sabiam conversar sobre seu mestre, a quem adoravam. Não conseguiam entrar em acordo sobre Jesus. Cada grupo achava que o seu modo de ver Jesus era o mais certo. Eram servos sinceros querendo ser úteis, mas sobre eles Jesus aplica a parábola do servo inútil. Poderiam fazer a sua obrigação de dialogar, mas nem isso faziam. Todos eles poderiam ser bem mais úteis do que eram, bastaria que se ouvissem e que se saudassem como irmãos. Mas preferiam encontrar Jesus nos seus templos. Lá fora tinham enorme dificuldade de falar sobre o amor que tinham por seu Deus.

378

MATADORES. Com razão a Bíblia chama de maldito quem mata o próprio irmão e lhe põe um sinal na testa. É como se disse: este sujeito matou alguém e brincou de onipotente. Por extensão, a Bíblia condena quem mata qualquer ser humano. Nem os animais devem ser mortos simplesmente porque achamos que eles nos atrapalham. Quem lê Bíblia sabe que os princípios estão lá. Se alguém os interpreta em seu favor, achando que pode matar, ele é maldito. Brinca de Deus, porque dispõe da vida dos outros a seu bel-prazer: às vezes por uma moto, um par de tênis, ou 20 reais. Imagine o inferno que é o coração do matador de aluguel. É pago para matar qualquer um.

379

O MUNDO ESTÁ INFESTADO DE PSICOPATAS, matadores e candidatos a assassinos de 12 a 70 anos. Não dá para saber quem deles poderá matar você ou seus filhos. Mas todos os dias você ouve e vê a notícia de que mais um desequilibrado matou uma filha, um filho, uma esposa, uma amante, uma namorada, alguém com quem saía junto para dançar e jurar amor sem fim. De servidor de Deus ele nada tem.

380

MATAM EM QUALQUER LUGAR. Matadores e psicopatas violentos matam nos cinemas, nos shoppings, na praça, nas igrejas, nos becos, dentro de casa, nos ônibus, nos bancos. Você nunca sabe quem vai quebrar ou incendiar mais um ônibus, um metrô, um trem, uma casa, um banco ou uma loja.

381

TREINADOS PARA MATAR. Por mais que a vítima marcada para morrer se defenda ou fuja, o psicopata vai lá e a mata, ele que também foi marcado para matar. As autoridades não têm como proteger todas as pessoas odiadas por ele. Não há nenhum cidadão que possa garantir que não será eliminado por um desses matadores. Mas, quando a futura vítima sabe do risco que corre, e assim mesmo arrisca namorar, casar ou viver com alguém com esta cabeça confusa de adolescente, jovem, ou com esse adulto de cabeça e coração armados, é bom orar e pedir pelo milagre de escapar ileso.

382

CUIDADO COM A VOGAL "O". "O" bom, "o" melhor, "o cantor", "o" escritor, "o" sereno, "o" fiel, "o" defensor do povo, "o" candidato sincero, "o" adorador, "o" primeiro... A mídia pode jogar as pessoas contra quem usa esse artifício. Não há como escapar à conotação de excelência, mesmo que o sujeito se intitule "o" humilde.

383

LIVRO PANFLETÁRIO. Alguém que se diz espiritualista escreveu um livro que supostamente registra as palavras ditadas por Madre Teresa de Calcutá, que todos sabem que era católica e muito obediente à Igreja. No livro o autor supostamente transcreve o que Madre Teresa teria dito a outra pessoa, depois que ela foi para o céu. De lá, ela prega a caridade segundo a doutrina espírita. O estranho é que a Madre Teresa do livro critica a Igreja Católica e só elogia a doutrina espírita. Em outras palavras: a santa famosa por sua caridade esperou morrer, para poder do céu criticar os católicos e elogiar a doutrina exposta no livro. Alguma coisa está errada nesse tipo de livro-panfleto. Ainda bem que conheço muitíssimos amigos que professam a doutrina espírita, mas não recorrem a esse tipo de mensagens para mostrar a excelência de sua fé. Não é um trabalho de um servo de Deus.

384

VIVER EM CIMA DO MURO. O defensor do PSDB disse que eu era petista porque elogiei algumas ideias do PT. O defensor do PT me viu como conservador ou em cima do muro porque elogiei alguns atos do

Pe. Zezinho, scj

PSDB. O defensor da Igreja pentecostal viu um erro grave na minha fala porque elogiei a nossa Igreja, e me chamou de antiecumênico. O católico radical disse que eu traíra a Igreja quando me viu elogiar um pronunciamento da Igreja Luterana. O problema do servo que deseja ser útil é que muitas vezes ele confunde convicção com exclusão.

385

DISTINÇÃO. Distingo entre os ecumênicos, os não ecumênicos e os antiecumênicos. *Oikia* é palavra para lar, casa. O ecumenismo seria a reunião dos membros da casa. Mas mesmo que alguém não pertença a tal casa, essa pessoa é bem-vinda, porque na mesa comum há lugar para todos. Aquele que aceita comungar junto, mesmo com algumas diferenças, é ecumênico. Aquele que não deseja misturar as coisas e encontra dificuldade em partir o mesmo pão, na mesma mesa, é não ecumênico. Não concorda que chegou a hora de orar no mesmo altar. O antiecumênico não só é contra, como fecha o cerco impedindo que alguém participe da mesma mesa, até mesmo como convidado. Conheço muitos que se converteram a um grupo antiecumênico. Nem de festas familiares eles participam. Isolaram-se! Convidam, mas não aceitam convites de pessoas de outras convicções. *Acham que acharam e garantem que ninguém mais achará o que eles acharam, a menos que aceitem achar como eles acharam...*

386

O AVANÇO DA REJEIÇÃO. Imagine os servos de uma grande casa, na qual alguns servos não falam com os outros, porque se sentem servos eleitos e os outros não. É o discurso de alguns pregadores pouco compungidos, que se acham superungidos. Não é o tipo de servo que Jesus elogia.

387

CONTINUO REPENSANDO na missão do servidor. Jesus se classificou como servidor. Não fez a própria vontade. O Filho do Homem não veio para ser servido, mas para servir, e para dar a sua vida em resgate de muitos (Mt 20,28). Jesus disse-lhes: "A minha comida é fazer a vontade daquele que me enviou, e realizar a sua obra" (Jo 4,34). "Eu não posso de mim mesmo fazer coisa alguma. Como ouço, assim julgo; e o meu juízo é justo, porque não busco a minha vontade, mas a vontade do Pai que me enviou" (Jo 5,30). "Porque eu desci do céu, não para fazer a minha vontade, mas a vontade daquele que me enviou" (Jo 6,38). Então disse: "Eis aqui venho para fazer, ó Deus, a tua vontade" (Hb 10,7).

388

O SERVO EQUIVOCADO. A Bíblia mostra o bom servo e o servo mau. Às vezes o servo bom se confunde e interpreta errado o que seu senhor quer. Abraão, Jacó, Moisés, Davi, Salomão, Elias se excederam passando dos limites da sua missão. Foram punidos. Jesus certamente não apoiaria o que fizeram de errado. Também não apoiou os excessos dos seus discípulos. Uma leitura serena do Antigo e do Novo Testamento mostra que interpretar a vontade de Deus quando se é vítima de paixões políticas, religiosas e amorosas leva ao erro. Foi o que aconteceu com mais de 200 personagens bíblicos. Não era aquilo que Deus queria que fizessem. Mataram, mandaram matar, mentiram e entenderam que era isso o que Deus queria.

389

A SERVIÇO DA PALAVRA, MAS EQUIVOCADOS. Os equívocos continuam. Cada vez que um pregador sobe em um púlpito, em um palco, usa um microfone ou uma câmera e ensina algo que não combina com a Bíblia, nem com as propostas de Jesus, estamos diante de um servo equivocado. Isto acontece quando o pregador garante que haverá milagres naquele culto ou naquela missa; que um demônio será expulso naquela noite; quando garante que foi o Espírito Santo que lhe segredou uma nova profecia; ou quando garante que estamos no fim dos tempos e que sua assembleia será salva e a outra não.

390

JESUS AVISA que haverá punição maior para os servos pregadores mal-intencionados. "Devoram as casas das viúvas, com pretexto de longas orações. Estes receberão mais grave condenação" (Mc 12,40). "Acautelai-vos, porém, dos falsos profetas, que vêm até vós vestidos como ovelhas, mas, interiormente, são lobos devoradores" (Mt 7,15). "Porque se levantarão falsos cristos, e falsos profetas, e farão sinais e prodígios, para enganarem, se for possível, até os escolhidos" (Mc 13,22). "E também houve entre o povo falsos profetas, como entre vós haverá também falsos doutores, que introduzirão encobertamente heresias de perdição, e negarão o Senhor que os resgatou, trazendo sobre si mesmos repentina perdição" (2Pd 2,1).

391

O BOM SERVIDOR. Para o bom servidor há elogios. "Quem é, pois, o servo fiel e prudente, que o seu Senhor constituiu sobre a sua casa, para dar o sustento a seu tempo?" (Mt 24,45). E o seu Senhor lhe disse: "Bem está, servo bom e fiel. Sobre o pouco foste fiel, sobre muito te colocarei; entra no gozo do teu Senhor" (Mt 25,21). E ele lhe disse: "Bem está, servo bom, porque no mínimo foste fiel, sobre dez cidades terás autoridade" (Lc 19,17).

392

O CASTIGO DO SERVO MAU. Respondendo, porém, o seu Senhor disse-lhe: "Mau e negligente servo; sabias que ceifo onde não semeei e ajunto onde não espalhei?" (Mt 25,26). "Lançai, pois, o servo inútil nas trevas exteriores; ali haverá pranto e ranger de dentes" (Mt 25,30). E disse ao vinhateiro: "Eis que há três anos venho procurar fruto nesta figueira, e não o acho. Corta-a; por que ocupa ainda a terra inutilmente?" (Lc 13,7). "O qual noutro tempo te foi inútil, mas agora a ti e a mim muito útil; eu to tornei a enviar" (Fm 1,11).

393

A DOUTRINA CRISTÃ E O VERBO SERVIR. "Estavam ali, olhando de longe, muitas mulheres que tinham seguido Jesus desde a Galileia, para o servir" (Mt 27,55).

"Bem-aventurados aqueles servos, os quais, quando o Senhor vier, achar vigiando! Em verdade vos digo que se cingirá, e os fará assentar à mesa e, chegando-se, os servirá" (Lc 12,37).

"Nenhum servo pode servir dois senhores; porque, ou há de odiar um e amar o outro, ou se há de chegar a um e desprezar o outro. Não podeis servir a Deus e a Mamom" (Lc 16,13).

"Bem-aventurados aqueles servos, os quais, quando o Senhor vier, achar vigiando! Em verdade vos digo que se cingirá, e os fará assentar à mesa e, chegando-se, os servirá" (Lc 12,37).

Foi dito a ela: "O maior servirá o menor" (Rm 9,12).

"Outras Igrejas despojei eu para vos servir, recebendo delas salário; e quando estava presente convosco, e tinha necessidade, a ninguém fui pesado" (2Cor 11,8).

394

ÚTIL E INÚTIL DEPOIS DE CINQUENTA ANOS. (Homilias de 22 e 26 de março.)

1. Começo agradecendo, por estes meus 50 anos de catequese, ao Deus único que me deu dons. E como creio que o Deus único é PAI, é FILHO, é ESPÍRITO SANTO, oro e agradeço ao Deus único que agiu em mim como Pai, como Filho e como Espírito Santo. Como, nem mesmo eu sei... Só sei que ele me conduziu para eu ter me tornado quem sou.

2. Hoje, quando tantos me elogiam pelos dons que percebem em mim, é hora de pedir perdão pelos dons que eu não soube usar direito, que desperdicei ou que não partilhei como deveria.

3. Parece que este dia, para vocês, é para agradecer porque eu existo e fiz alguma coisa que marcou as pessoas que me viram, ouviram e que trabalharam comigo na minha missão de comunicar os dons que o Deus único me deu. Sou grato por esta homenagem. Digo que não a mereço, mas agradeço. Nem sempre acertei no que fiz e quis fazer.

4. Sou grato à Igreja Católica, da qual me orgulho; a meus pais que já estão no céu e que me deram os alicerces; aos meus familiares e à minha congregação (dehonianos-scj), que muito amo e me possibilitaram

Manual do servo inútil

desenvolver minhas habilidades; às queridas Irmãs Paulinas, a quem devo muito do que me tornei no Brasil e no mundo; aos que me ensinaram a compor, Frater John McMaster nos Estados Unidos, Padre Casemiro Irala, scj, em São Paulo.

5. Agradeço aos primeiros jovens que dizem que eu os encantei quando os levei a cantar, primeiro em Wisconsin, USA, onde comecei a compor, depois em São Judas, São Paulo, primeira paróquia no Brasil. Aos amigos maestros, os músicos, os cantores, os que viajaram comigo pelo Brasil e pelo mundo de avião em avião e de ônibus e até de caminhão pau de arara e de charrete, para pregar e cantar as verdades da nossa fé.

6. Penso no rádio, na televisão, nos livros, nos 30 anos de professor, nos que sofreram comigo para produzir o que dizem ser minha vasta produção. Penso nas ameaças que sofri e no risco de vida e de morte, mas esta noite não é para lembrar o lado difícil daqueles dias. Nada disso teria acontecido, se não fossem os outros.

7. Um dia, deixei meu violão e comecei a compor sem ele; deixei o que sabia de piano e de órgão para compor sem ele, deixei de cantar solos para dar espaço para os talentosos cantores e músicos que me acompanharam por 45 anos. Ensinei a escrever, a cantar, a subir num palco, briguei por sua fidelidade à Igreja, por qualidade, por conteúdo. Fui severo, mas eles também o foram comigo, porque queriam liberdade com responsabilidade. E evangelizar supõe cobranças da parte de Deus, da Igreja e do grupo. Não se trata de uma brincadeira de ficar famoso e vender milhões de livros e discos. Trata-se de ir lá e misturar-se com o povo, e muitas vezes voltar com prejuízo, porque alguém não pagou nossas despesas.

8. Nunca me esqueci de que minha mensagem deveria ser maior do que o mensageiro que eu deveria ser. À medida que entendia que mídia, marketing, televisão, rádio, palco, fama, vendagem e discos e CDs,

Pe. Zezinho, scj

aplausos, holofotes poderiam ajudar ou me desviar da missão de ser útil, fui administrando estes dons. Se fiz bem, o futuro o dirá.

9. O que sei é que cheguei até aqui sem tocar bem, sem cantar bem, sem dançar bem, sem comunicar tão bem como poderia, mas assim mesmo dizem que sou um ícone. Ícone, pelo que sei, é uma imagem que se põe sobre uma parede para ser contemplada e que ajuda os fiéis a orarem. Isto me assusta. Não sou isso! Tenho consciência de que outros fizeram e fazem melhor do que eu e que sofreram mais do que eu para evangelizar. Fiquei mais famoso, mas não mais santo por causa disso. A Igreja tem mais de milhares de pregadores melhores do que eu. Mas por muito tempo a Igreja tem olhado na minha direção. Algum valor eu tenho, mas sofro da pretensão de exagerar meus talentos. Vivo redimensionando a repercussão do que faço.

10. Presto minha homenagem aos verdadeiros profetas e ícones, cantores e pregadores da nossa Igreja que marcaram a catequese nestes 50 anos, desde o Vaticano II. Conheci muitos deles. Aprendi com todos eles. E tive a alegria de trabalhar com eles e com elas, que hoje são mártires: uma é beata e outros, se Deus quiser, também serão. Foi bom ver com agiam. Eu os vi marcar a nossa Igreja com suas virtudes.

11. Se mencionasse todos os nomes, vocês teriam que me ouvir por horas. Todos eles fizeram parte dos meus 50 anos de canção, desde que solfejei e compus minha primeira canção em Hales Corners, Wisconsin, USA. OUR FATHER WHO ART IN HEAVEN, HALLOWED BE THY NAME, COME TO US, OH LORD THY KINGDOM LET YOUR WILL OH LORD ENLIGHTEN YOUR PEOPLE... Eu mesmo a traduzi: PAI NOSSO QUE ESTAIS NOS CÉUS... Ainda hoje é cantada nas celebrações por todo o Brasil. Foi meu primeiro trinado.

12. O resto vocês já sabem. Mais de 2.500 canções escritas, quase mil gravadas. E se me homenageiam por isso, Deus seja louvado. Foi ele que

me levou a este ministério. Na missa que vou presidir direi mais! Por ora, Deus lhes pague.

395

SERVOS ÚTEIS E ÀS VEZES INÚTEIS. Imaginem Jesus falando conosco à mesa, de coração a coração, e dizendo em palavras de hoje o que ele disse a seus discípulos há quase 2 mil anos.

Eu sou servidor, porque eu não vim ao mundo para ser servido e sim para servir.

Vocês são servidores e não nasceram para ser servidos e sim para servir. Mas chega a hora em que a pessoa deixa de ser criança. Tem que assumir suas responsabilidades.

Pois esta hora chegou. De hoje em diante, vocês continuarão a ser servidores e servos do Reino, mas vou lhes dar um NOVO título: vou chamá-los de AMIGOS DO MEU CORAÇÃO.

Vocês serão meus amigos, se fizerem o que eu lhes mando (Jo 15,14).

Já não chamarei vocês de servos, porque o servo não sabe o que faz o seu senhor; chamo vocês de amigos, porque tudo quanto ouvi de meu Pai eu lhes tenho passado a vocês (Jo 15,15).

Ninguém tem maior amor do que este, de dar alguém a sua vida pelos seus amigos (Jo 15,13). Farei isso por vocês. Façam isso por mim.

Mas fujam da vaidade. O maior dentre vocês será o que mais servirá (Mt 23,11).

***

Imaginemo-nos naquela mesa a ouvir estas mensagens ditas por Jesus e chamando-nos de amigos do seu coração.

Mas é claro que isto tem consequências.

Pe. Zezinho, scj

Somos amigos, mas somos servos. Estamos neste mundo mais para servir do que para mandar. Até porque liderar é uma coisa e mandar é outra. O servo mandão, na verdade, não manda nada. Se outro não fizer o que tem feito, ele se perderá. O servo líder mais serve do que impõe. Coordena e leva cada qual a fazer a sua parte.

Nossa vocação não é ser o número um. Aliás, há muitos "número um" à nossa frente. Viemos em segundo ou centésimo ou milésimo lugar. É isso que somos: servos. Às vezes servos bons e dedicados; às vezes servos maus e incompetentes; às vezes servos úteis e, às vezes, servos inúteis.

Jesus não teria dito o que disse a respeito de nossa missão de servir a todos e ao Senhor dos senhores, se não tivesse a intenção de nos questionar. Que tipo de servidor queremos ser, já que somos todos chamados a servir?

Foi Jesus quem o disse: Quando fizerdes tudo o que vos for mandado, dizei: "Somos servos inúteis, fizemos apenas o que era nossa obrigação" (Lc 17,10).

Há teologia, há sociologia e há psicologia nesse ensinamento. Em primeiro lugar, ninguém deve desejar ser o primeiro. E se for chamado a isso, deve servir mais do que os outros. Em segundo lugar, o outro é importante, filhos, filha, pai, mãe, avó, irmão, vizinho, companheiro de trabalho... Só seremos felizes se acharmos nosso lugar entre os outros e se servirmos serenamente, sobretudo, os que mais precisam de nossa gentileza.

Para muitas coisas somos úteis e para outras somos menos úteis. Ninguém é tão bom que seja totalmente útil no que faz. Mesmo que sejamos úteis, Jesus nos aconselha a não proclamar que somos mais do que os outros só porque fizemos algo notável. Devemos continuar a dizer que não fizemos nada mais do que deveríamos ter feito.

Num mundo de tanta competição, de tanta fome e febre de sucesso, de dinheiro e de aplausos, Jesus continua a chamar a atenção do seu discípulo dizendo: "menos", "não se exalte acima dos outros", "porque quem se exaltar será humilhado e quem achar o seu lugar entre os outros será admirado por não querer mais do que os outros".

Os exemplos de São Francisco de Assis e do Papa Francisco, de Buenos Aires e agora de Roma, nos ajudam a entender a missão do servidor. Se precisarem de nós, estaremos ali a servir. Mas, se nos quiserem condecorar, cobrir-nos de vantagens e de elogios, saibamos deixar claro que muita gente contribuiu para o que dizem que é nosso sucesso. Deu certo porque outros ajudaram e tornaram possível o que hoje todo mundo está elogiando. Nunca chegaríamos aonde chegamos, se outros não nos tivessem levado àquela posição.

Servos úteis, e às vezes errados e inúteis, agradeçamos pelas chances que nos foram dadas. E, gratos ao bom Deus, façamos de tudo para que outros possam fazer o que fizemos, e façam até melhor do que nós. Deus seja louvado porque somos servos e nunca tivemos a pretensão de ser senhores.

É uma ascese difícil de viver, mas muita gente conseguiu. Aprendamos com eles e com elas: Teresa, Teresinha, Dulce, Tomás, Domingos, Francisco, Clara, Vicente, Luciano, Helder, João Paulo, Leão... É por isso que a Igreja, depois de sua morte, os proclama SERVOS OU SERVAS DE DEUS, depois os chama de BEATOS E BEM-AVENTURADOS e, por fim, de SANTOS de Deus. Seria lindo se tivéssemos mais servos, beatos e santos entre nós. São discípulos que souberam viver pelos outros.

Oremos para que nossa Igreja viva esta catequese.

Pe. Zezinho, scj

396

PAZ INQUIETA
("Não deixes que eu me canse", CD 11844-3, Comep-Paulinas)

Eu trago esta paz inquieta
Feita de treva e de luz
Desde que eu sigo os caminhos
De um profeta chamado Jesus
Na treva eu me sinto inquieto
Na luz eu me sinto capaz
E pelos caminhos do mundo
Eu sigo inquieto, mas vou em paz.

Inquieto pelo inocente
Pelo culpado também
Triste por ver por tanta gente
Que não sabe o que a vida contém.
Inquieto pela injustiça
Que eu vejo aumentar e doer
Inquieto por esta cobiça
Que não deixa o meu povo crescer.

Em paz pelos homens justos
Que por saber e sonhar
Pagam com preço de sangue
A coragem de não se calar
Em paz pela esperança
Que faz esta vida valer
Em paz por quem nunca se cansa
De os caminhos da paz percorrer.

Em paz pela juventude
Pelos adultos também
E por aquelas virtudes
Que meu povo nem sabe que tem
Inquieto por tanta gente
Que não se inquieta jamais
E pelos caminhos do mundo
Eu sigo inquieto, mas vou em paz.

Impresso na gráfica da
Pia Sociedade Filhas de São Paulo
Via Raposo Tavares, km 19,145
05577-300 - São Paulo, SP - Brasil - 2015